行政法
基础理论与实践

郑玲云　曾舒珩◎主编

延边大学出版社

图书在版编目（CIP）数据

行政法基础理论与实践 / 郑玲云, 曾舒珩主编. -- 延吉：延边大学出版社，2022.9
ISBN 978-7-230-03880-5

Ⅰ.①行… Ⅱ.①郑…②曾… Ⅲ.①行政法—研究—中国 Ⅳ.① D922.104

中国版本图书馆 CIP 数据核字（2022）第 172843 号

行政法基础理论与实践

主　　编：郑玲云　曾舒珩
责任编辑：张艳秋
封面设计：星辰创意
出版发行：延边大学出版社
社　　址：吉林省延吉市公园路 977 号　　邮　编：133002
网　　址：http://www.ydcbs.com　　E-mail：ydcbs@ydcbs.com
电　　话：0433-2732435　　传　真：0433-2732434
印　　刷：英格拉姆印刷(固安)有限公司
开　　本：787 毫米 × 1092 毫米　1/16
印　　张：10.5
字　　数：200 千字
版　　次：2022 年 9 月第 1 版
印　　次：2023 年 1 月第 1 次印刷
书　　号：ISBN 978-7-230-03880-5

定　　价：59.00 元

前　言

　　从公元前 1776 年《汉谟拉比法典》问世，到亚里士多德在其著作《政治学》中第一次提出"法治"的定义，再到今天世界各国的法治化改革，多少年来，法治的思想发展和制度实践薪火传承，绵延不绝，一直指导着人类社会文明的进程。正如一位法学家曾经说过的："法律是人类最伟大的发明，别的发明让人类学会驾驭自然，而法律让人类学会如何驾驭自己。"

　　在当今的中国，政治文明建设的推进离不开行政法治的帮助。面对这样一个不可多得的机遇期，我国的行政法领域出现了很多新的课题亟待富有时代责任感的学者去探索和研究。行政法由规范行政主体和行政权设定的行政组织法、规范行政权行使的行政行为法、规范行政权运行程序的行政程序法、规范行政权监督的行政监督法和行政救济法等部分组成，其重心是控制和规范行政权，保护行政相对人的合法权益。

　　在我国日趋走向法治化的今天，法学教育变得十分重要。在一个法治国家，法律是人们基本的行为规范，掌握必要的法律知识是一个现代人的基本素养。因此，法学教育既是一种专业教育，也是一种普及教育，"人人懂法律"是一个法治国家发展的必然要求。从我国的现实情况来看，法学教育任重而道远。虽然在 20 世纪 90 年代，我国已经把依法治国作为治国的基本方略，并在宪法中加以规定，但要实现这一目标还需要我们做出艰苦的努力，其中，重要的一环就是要加强法学教育，通过法学教育广泛传播法律知识，培养法律人才，提高全民族的法律素养，进而为我国的法治建设打下牢固的基础。

　　本书从我国行政法实施的实践出发，以我国行政法的原则为依据，对行政法理论进行了探讨，阐述了行政法的基本概念，并着重分析了行政法行为的相关理论，讨论了理论的指导性和法律的应用性。希望本书能为广大读者提供实用的行政法理论知识，为完善我国法治建设做出贡献。

CONTENTS 目录

第一章 行政法概述 ······ 1

    第一节 行政 ······ 1

    第二节 行政权 ······ 14

    第三节 行政法 ······ 18

    第四节 行政法学 ······ 38

第二章 行政法的基本原则 ······ 46

    第一节 行政合法性原则 ······ 46

    第二节 行政合理性原则 ······ 54

    第三节 依法行政及其实施 ······ 58

第三章 行政法律关系 ······ 63

    第一节 行政法律关系的含义和种类 ······ 63

    第二节 行政法律关系的特征 ······ 70

第三节　行政法律关系的构成 …………………………………… 74

　　第四节　行政法律关系的产生、变更和消灭 …………………… 80

第四章　行政案件的执行 ………………………………………… 87

　　第一节　行政诉讼执行 …………………………………………… 87

　　第二节　非诉行政案件的执行 …………………………………… 95

第五章　行政复议 ………………………………………………… 102

　　第一节　行政复议概述 ………………………………………… 102

　　第二节　行政复议的范围 ……………………………………… 110

　　第三节　行政复议机关与管辖 ………………………………… 118

　　第四节　行政复议参加人 ……………………………………… 125

　　第五节　行政复议程序 ………………………………………… 131

第六章　行政赔偿 ………………………………………………… 142

　　第一节　行政赔偿概述 ………………………………………… 142

　　第二节　行政赔偿的范围 ……………………………………… 148

　　第三节　行政赔偿请求人和赔偿义务机关 …………………… 153

　　第四节　行政赔偿程序 ………………………………………… 155

参考文献 …………………………………………………………… 161

第一章 行政法概述

第一节 行政

一、行政的基本含义

（一）行政的词义

据我国权威工具书《辞源》所述，"行政"一词最早为司马迁所使用。司马迁在《史记·周本纪》中有"召公，周公二相行政"的记载。在距今 300 多年前，清代学者吴乘权等人编纂的纲目体通史《纲鉴易知录》中，记载了公元前 841 年，西周的周厉王因"国人发难"而逃走，当时因太子靖年幼，令"召公、周公行政"。因为当时还没有国家权力分立的观念，所以这些史料中所说的"行政"是指管理国家全部事务的活动，与今天人们所说的"行政"的含义不完全相同。现在人们使用的"行政"一词，实际上是"旧瓶装新酒"。

在日常生活中，人们习惯从两个方面来理解"行政"，即在用作动词时，行政被解释为"行使国家权力"；在用作名词时，行政被解释为"机关、企业、团体等内部的管理工作"。这种理解同行政法所规范的行政的含义也并不完全一致。

现代行政法中所研究的"行政"不是中国固有的观念，而是从西方国家传入的。在西方，行政的英文是"administration"，其基本含义包括治理、管理、执行等几个方面。西方国家通用的《社会科学大辞典》，对"行政"的解释是"国家事务的管理"。这样解释的目的是把国家的行政管理与私人团体的行政管理区别开来。

（二）西方学者关于行政的论述

西方学者关于行政的论述十分丰富，且形成了不同的学说体系。在西方学者的论述中，影响较大的有以下七种：

1. 目的实现学说

目的实现学说，又称积极目的学说，该学说以德国的行政法学者奥托·迈耶、保罗·拉班德为代表。该学说认为行政是积极地依据法律规定，处理具体事件，以实现国家政治目的的活动。这种学说是从广义上来理解行政的，并没有说清楚行政的特定含义。在实践中，立法、司法是国家实现政治目的的活动，按此学说，立法、司法当然也应当属于行政的范畴。准确地说，行政只是国家实现政治目的的活动之一，并非国家实现政治目的的全部活动。由于该学说关于行政的范围的界定过于宽泛，因此在现实中已经不再为人们所接受。

2. 国家意志执行说

该学说以美国著名的行政法学者弗兰克·约翰逊·古德诺为代表。古德诺在其《政治与行政》一书中指出，在所有的政府体制中都存在着两种主要的或基本的功能，即国家意志的表达功能和国家意志的执行功能；在所有的国家中都存在着分立的机关，每个分立的机关都用它们的大部分时间行使着两种功能中的一种，这两种功能分别是：政治和行政。按此学说，政治是国家意志的表达，行政是国家意志的执行。虽然这一学说对行政的范围做了适当的限制，但是也不能将行政和司法区别开来，因为司法活动是根据立法机关所制定的法律对社会生活中发生的纠纷进行裁决的活动，从本质上来说也是执行国家意志的活动。因此，这种学说也没有真正揭示出行政的本质，在现实中已很少有人接受。

3. 除外学说

除外学说，又称蒸馏说。该学说最早是由德国行政法学的鼻祖奥托·迈耶提出的，他将行政定义为，国家在它的法律秩序下，用以实现它的目的，而除了司法以外的活动。之后，沃尔特·耶利内克进一步指出行政是除了立法和司法以外，国家或其他公权力主体的活动。该学说的集大成者是日本著名的行政法学家美浓部达吉，他认为行政是除立法、司法以外的一切活动。由于该学说将国家的活动分为立法活动、行政活动和司法活动三个基本部分，能够适应三权分立的理论，因此，该学说不仅在日本行政法学界长期占据主导地位，而且也是西方资产阶级学者普遍接受的学说之一。尽管该学说的影响很大，但其无论在定义的实质内容上，还是在定义的方式上都具有明显的缺点。就其实质内容而言，该学说没有揭示出行政的具体意义和内涵。就其定义方式而言，该学说的定义方式必须借助立法、司法的定义才能说明行政的外延，而使这一定义陷入循环论证的错误，即行政是除立法、司法之外的一切国家活动；立法是除行政、司法之外的一切国家活动；司法是除立法、行政之外的一切国家活动。而每个定义都没有实质性的内涵，不能说明问题。所以，该学说的定义方式已经被人们放弃，但该学说关于行政的外延却为人们所接受。

4. 行政中心学说

行政中心学说，又称统治权中心学说。该学说认为行政是国家统治权的中心；立法是为了适应行政的需要，为行政活动提供准绳；司法为行政排除障碍，保证行政活动的顺利进行。该学说将行政置于国家统治权的中心地位，强调了行政的重要作用。但该学说违背了资本主义国家的权力分立和制衡的原则，违背了当今社会普遍存在的立法对行政进行否定或修正、司法对行政进行监督控制的客观事实。因此，该学说也是不完备的。

5. 广义行政与狭义行政学说

该学说以美国行政学者威廉·富兰克林·威洛比为代表。他认为，就广义而言，行政泛指政府的各种实际活动，而不专指政府的任何一方面，如立法机关的行政、司法机关的行政、行政机关的行政均属于这个范畴。故广义的行政，包括整个政府的活动。就狭义而言，行政仅指行政机关的活动而已。这种学说虽然区分了行政的不同含义，具有一定的合理性，但在使用"行政"这一概念时，必须指明是广义行政还是狭义行政，否则会导致使用和理解时的混乱。

6. POSDCORB 学说

POSDCORB 是美国行政学者卢瑟·古利克在其所写的一篇名为《科学价值与公共行政》的论文中所创造的词，每个英文字母分别代表一个具有不同意义的单词。其中，字母 P 代表 Planning，意为计划的制订；字母 O 代表 Organizing，意为执行计划的机关、组织及结构；字母 S 代表 Staffing，意为机关中全部的人事功能，包括人员选用和管理；字母 D 代表 Directing，意为机关中上级人员对其所属下级人员的指挥和监督；字母 CO 代表 Coordinating，意为机关中各单位、各人员之间的协调联系；字母 R 代表 Reporting，意为机关中下级人员向上级所做的工作报告，同时也表示机关以通报等方式使全体人员了解彼此的情况；字母 B 代表 Budgeting，意为机关中一切有关金钱、财政方面的事务。这一学说是从科学管理的角度来研究行政的，因而受科学管理的影响很大。

7. 政府事务管理说

美国《社会科学大辞典》认为："行政为国家事务的管理。"萨佛里兹编写的《公共行政辞典》认为行政是指政府事务的管理和指导。

从以上简要介绍可知，西方学者对行政的论述都是建立在权力分立的基础之上的，把行政看作国家权力的一种。

（三）马克思主义经典作家关于行政的论述

马克思主义经典作家关于行政没有专门的论著，也没有给行政下过专门的定义，但并不等于马克思主义经典作家没有关于行政的思想和论述。据学者考证，马克思在《评一个普鲁士人的〈普鲁士国王和社会改革〉》一文中对行政问题做过十分精辟的论述。马克思关于"行政"的论述是针对当时一个化名为"普鲁士人"的先生发表的一篇名为《普鲁士国王和社会改革》的文章而作的。"普鲁士人"为了掩盖国家的阶级实质和赤贫现象产生的政治因素与经济因素，认为德国是一个非政治国家。普鲁士国王认为产生赤贫的原因是行政机关办事不力和慈善事业举办不够。因此，消灭赤贫现象的根本方法应当是提高行政机关的办事效率，设立更多的慈善机构。马克思针对"普鲁士人"的这一观点指出，所有国家都在行政机关无意或有意的办事不力这一点上寻找原因，于是它们把行政措施看作改正国家缺点的手段。为什么呢？就因为行政是国家的组织活动。马克思的这一科学论述不仅深刻地揭示了行政的本质，即行政是国家的活动，而不是一般社会组织的活动，而且也科学地划定了行政的范围，行政只是国家活动的一部分，即国家的组织活动部分，而不是国家的全部活动。根据马克思的这一科学论述，我们可以清晰地知道，行政是一个历史范畴，只有在国家出现以后才有国家的行政活动；将来随着国家的消亡，行政也将随之消亡。只有国家机关才有权通过行政活动对国家事务进行组织和管理。

列宁在继承马克思行政思想的基础上，进一步论述道："社会主义党在世界史上第一次基本上完成了夺取政权和镇压剥削者的事业，紧接着就要解决管理这个任务。""应该考虑到，要有成效地进行管理，除了善于说服人民，除了善于在内战中取得胜利以外，还必须善于实际地进行组织工作。这是一个最困难的任务，因为这是要用新的方式去建立千百万人生活上最深刻的经济基础。"可见，在列宁看来，行政管理是无产阶级夺取政权后的首要任务，关系着社会主义国家经济基础的建立。

根据马克思和列宁的论述，我们可以清楚地认识到，行政是国家的基本职能之一，是对国家事务的有机组织和有目的的管理活动；行政具有阶级性，其根本目的在于实现统治阶级的国家意志。

（四）我国学者关于行政的基本观点

自我国开展行政法学和行政学的研究以来，学者们就没有停止过对行政的探索研究。在探索研究的过程中，学者之间的认识也颇有分歧。这种分歧首先发生在行政法界与行政学界之间，然后发生在同一学界内部。在此，笔者先介绍行政学界关于行政的基本观点。

1. 行政学界关于行政的基本观点

第一，行政管理是国家产生以后，国家行政部门通过组织、领导、指挥、协调和全体工作人员的共同努力，完成行政任务、实现国家目标的一种政府职能。

第二，行政管理是有效地运用国家权力，通过组织、领导、计划、用人、指挥、控制、协调和监督等方式，合理地利用人力、财力和物力等要素，实现国家的职能和目标的活动。

第三，行政是国家政务的管理活动。

第四，行政是行使国家权力，从事国家管理的活动。

第五，行政管理就是国家和统治阶级通过它们所组织的政府对社会事务和自身事务的管理活动。无论是对社会事务的管理，还是对政府自身事务的管理，都是以政府为主体的组织管理活动，我们称政府的这种组织管理活动为行政管理。

第六，行政是国家行政系统行使公共权力，执行国家意志，推行国家政务，管理社会公共事务的活动。

第七，公共行政可以被概括为国家行政组织或公共行政组织在宪法和有关法律规定的范围内对国家和社会公共事务的管理活动。

第八，公共行政是指依法享有行政权力的国家行政机关，对国家事务、社会公共事务进行有效管理的活动。

第九，行政管理是指依法行使国家权力，组织和管理国家事务的活动。

第十，行政是国家的一种职能，是拥有行政权的国家机关依法对国家事务和社会事务进行组织和管理的活动。

第十一，行政就是国家权力机关为实现代表统治阶级意志的国家目的和任务，依据国家法律和法令对社会公共事务进行组织管理的活动的总称。

从上面列举的行政学者对（公共）行政或行政管理的定义来看，不少行政学者已经充分认识到行政管理与法律之间的关系，认识到行政管理应当根据国家法律的规定进行。这为我们依法开展行政工作提供了良好的理论环境，也为国家走上依法行政的道路提供了理论支持，这是十分可喜的进步。

2. 行政法学界关于行政的基本观点

自我国恢复行政法学研究以来，学者们就没有停止过对行政含义的探讨。最初，行政法学界一般认为，行政法上的行政是指，现代宪法制度下的行政机关依法进行的直接的、经常的国家管理活动。之后人们又普遍认为，国家行政可以指两种性质不同的事物：第一种是指执行国家意志的国家行政机关；第二种是指政府事务的决策、组织、领导和调控，也就是我们通常所说的国家的行政管理。现阶段，学者们比较一致的观点是，行政是国家行政机关对国家和公共事务的决策、组织、管理和调控。还有学者认为，行政法学研究的行政是指为实现国家目的，运用制定的政策、法规、规章，组织实施管理、命令、监督、制裁等方式，执行国家法律和权力（立法）机关意志的活动。

尽管学者们对行政的定义有分歧，但有一点是统一的，即认为行政法上所研究的行政是指国家和社会公共事务的行政，是相对于社会组织和企业的"私行政"而言的，所以又被称为国家行政、公共行政或公行政。我们之所以要在行政法研究的"行政"前加上"公共"一词，一是为了表明行政法上的行政与私人行政的区别；二是为了表明行政法上的行政是以国家利益和社会公共利益为目的的；三是为了表明行政法上的行政是在社会公众参与下公开进行的，是民主的；四是为了表明行政法上的行政必须运用公共权力才能有效地进行管理。

行政法学界关于行政的论述，大致可从三个方面进行研究。

（1）从形式意义上研究行政

这种方法以进行行政管理的主体为标准，认为只要是行政机关的活动就全部属于行政，即从行政主体的角度来区别行政活动、立法活动和司法活动。这种观点虽然易于区分行政同立法、司法之间的关系，但它从根本上否定了行政机关从事非行政活动（如行政机关从事民事活动）的可能性，在实践中必然会将本来不属于行政活动的事项也归入行政的范畴。例如，按此标准，行政机关签订建筑工程承包合同、出售废旧报纸等都属于行政活动。

（2）从实质内容上研究行政

这种方法以行政的实质内容为标准，认为不管实施行为的主体是谁，凡是对国家事务和社会公共事务的组织和管理活动，都是行政。这种方法虽然注意到了行政的实质内容，但却遇到两个无法回避的问题：

第一，行政不只是行政机关的活动，还包括立法机关、司法机关和其他社会组织的活动，因为这些部门也有一定的管理职能。

第二，行政机关制定普遍性规则的活动、行政立法和依法裁决有关纠纷的活动——行政、司法均被排除在行政之外。

（3）从实质意义和形式意义相结合的角度研究行政

由于形式意义的研究方法和实质意义的研究方法都存在一定的缺陷，无法准确地界定行政的内涵和外延，所以，目前比较多的学者努力将实质意义的研究方法和形式意义的研究方法结合起来研究行政问题。

这种研究方法将实质意义的行政与形式意义的行政有机地结合起来，认为行政是国家行政主体依法对国家和社会公共事务进行组织和管理的活动。从而避免了形式意义和实质意义研究行政的缺点，吸收了形式意义和实质意义研究行政的优点，简明扼要地揭示了行政的内涵和外延。

笔者主张将形式意义和实质意义结合起来研究行政，认为行政是国家行政主体依法运用行政权力，对国家事务和社会公共事务进行组织和管理的活动。根据这一定义，行政包含以下几个方面的意义：

第一，行政是行政主体的活动。行政主体是指依法代表国家，并能够以自己的名义实施行政管理活动的行政机关和社会组织。行政主体不仅是指行政机关，还包括其他法律、法规授权行使行政职权的社会组织，如卫生防疫站、行政性公司等。这些组织在法律授权的范围内从事的管理活动也属于行政的范畴。

第二，行政所管辖的事务只能是行政主体对国家事务和社会公共事务进行组织和管理的活动，而非行政主体的全部活动。这就将行政主体从事的民事活动排除在行政活动之外，将行政机关从事的民事活动纳入了民事法律规范的调整范围。

第三，行政是行政主体依照行政法律、法规的规定行使行政职权的活动。这就要求行政必须严格依照法律法规进行，不得超越于法律之外，必须做到行政合法。

只有将这三个方面的意义有机地结合起来，才能准确、全面地把握行政的基本含义。

这里需要特别指出的是，笔者在这一定义中强调行政是"对国家事务和社会公共事务"的组织和管理。"国家事务"和"社会公共事务"的关系如何？"国家事务"和"社会公共事务"的内涵和外延如何？对这些问题，目前理论界没有统一的认识。我们认为，就一般情况而言，国家事务都属于社会公共事务，但并不是所有的社会公共事务都属于国家事务。在社会公共事务中，除包含国家事务外，还包含地方性事务、地区性事务等。

二、行政的基本特点

行政是相对于立法、司法而言的一种国家职能，与立法、司法之间既有联系，又有区别。其联系表现为国家统治权的共同性，其区别表现为三种国家职能的特殊性。

（一）行政与立法、司法的共同性

1. 国家意志性

行政和立法、司法一样，都是以国家机关的名义，以实现统治阶级对国家的统治和管理而进行的。立法通过制定调整社会关系的法律、法规来体现国家的意志；司法通过运用法律裁判社会纠纷，将国家意志体现在具体的发生了纠纷的社会关系之中；行政则是通过管理国家事务和社会公共事务，来体现国家意志。

2. 法律性

在现代国家，法治观念日益深入人心，依法办事不仅是对人民群众的要求，也是对立法机关、司法机关和行政机关的要求。它们的组成、职权、任期、行为方式、行为程序、法律后果等都必须由法律加以规定，如果违反法律，就属于违法行为，不能产生预期的法律效力，同时要负相应的法律责任。

3. 强制性

强制性是国家意志性和法律性的必然结果。立法、行政和司法都是国家的活动，都是依照法律的规定体现国家意志的行为，所以，必然要以国家强制力为后盾保障实施。这种强制性表现为：一方面，以国家强制力排除一切有碍于立法、行政、司法顺利进行的阻力和因素，保证体现国家意志和利益的立法、行政、司法的顺利进行；另一方面，要求当事人和社会公众遵守立法机关所制定的法律、法规，服从行政机关依法进行的行政管理和作出的行政决定，执行司法机关依法对社会纠纷所作出的裁决，否则，就属于违法行为，就要受到国家强制力的制裁。

（二）行政与立法、司法的区别

立法是指国家立法机关在其职权范围内，依照法定的程序，制定、修改、补充和废止规范性文件和认可法律规范的活动。

司法是指国家司法机关及司法组织在办理诉讼案件和非诉讼案件过程中的执法活动。

与立法、司法相比，行政有以下特点：

1. 执行性

行政是国家行政机关实施行政权的活动。依照《中华人民共和国宪法》以下简称《宪法》）的规定，行政机关是权力机关的执行机关。虽然行政机关在行政管理活动中，可以指挥、命令行政相对人，但就其根本属性而言，行政仍然是执行权力机关意志的活动。

2. 广泛性

行政权力涉及人们政治生活、经济生活、文化生活和社会生活的各个方面，涉及人们的衣食住行、生老病死，任何机关、组织和个人都要受行政权力的管理。可以说，一个人从未出生时（尚未具有法律关系主体的资格时）就已经受到行政机关的管理；在其死亡后，虽然其作为法律关系主体的资格已经消失，但行政机关仍然要对其躯体进行管理。这种广泛性是立法和司法所不及的。

3. 直接性

这是相对于立法而言的。立法是通过制定法律、法规，为人们确定行为准则来实现对社会的管理的。这种管理不直接针对某一具体的社会关系和某一个具体的人，它是一种普遍性管理，不会自发地在社会关系中发挥作用，只有将这些规则运用于具体的社会关系和人，才能发挥作用。因此，立法是一种对社会的间接管理功能。而行政则直接将法律、法规应用于具体的社会关系，运用于特定的人和事件，要求特定的人必须遵照执行、应当如何执行等。因此，行政是一种对社会直接发挥作用的国家职能。例如，为了搞好防震减灾工作，全国人大常委会制定了《中华人民共和国防震减灾法》，确定了进行防震减灾的规则，但这些规则不会自己实施，具体的防震减灾工作需要由各级行政机关依照该法的规定进行组织才能得到实现。在这一过程中，全国人大常委会对防震减灾工作的管理是间接的，而各级行政机关对防震减灾工作的管理则是直接的。

4. 主动性

这是相对于司法而言的。司法（以审判为例）实行的是"不告不理"的原则，即如果没有原告方的控告，法院不得主动对案件进行审判。可以说，司法是一种依照申请进行的行为，具有被动性。而行政机关对于其职权范围内的一切事务，都应当积极主动地处理，否则，即为失职。

从上述分析可知，行政法所研究的行政是国家行政或公共行政，而不是一般社会组织所从事的内部管理。国家行政具有明显的公共性，即国家行政以追求公共利益为目标，不得以营利为目的，当出现违反或妨碍公共利益的情况时，为了实现公共目标可以采取强制手段。行政具有明显的集团利益性，以追求本集团的共同利益为目标,当出现妨碍集团利益实现的事件时,只能通过平等协商或请求有关国家机关解决等方式来解决,不得直接对对方当事人采取强制手段。

三、行政的功能

行政的功能,即行政的职能或行政的作用,是指行政在行政主体依法对国家和社会公共事务进行组织和管理,以实现对国家和社会进行有效管理的过程中所起的基本作用。从历史发展来看,行政的功能经历了从"消极行政—积极行政—行政膨胀"的发展演变过程。

消极行政是指,在资本主义国家建立初期,资本主义处于自由竞争时期,受到"管理最少的政府是最好的政府"信条的影响,政府的职能十分有限,只是充当消极的仲裁人和社会治安的维护者,行政职能一般仅限于警察行政、外交行政、财政行政和军事行政等几个基本方面。承担行政职责的政府只是社会的"守夜人",只能消极被动地维护社会治安,而不得积极主动地干预人们的社会生活、管理国家事务和为社会提供服务。

积极行政是指,进入20世纪后,资本主义进入垄断时期,消极行政已经不能适应解决日益尖锐的政治矛盾和经济矛盾的需要。这在客观上要求政府必须积极主动地采取措施干预公众的经济生活和社会生活,要求政府不能只维护社会治安,更主要的是提供就业机会、促进经济繁荣、消灭失业和贫困、提高生活水平、促进科技文化的发展,总之,政府已经从"什么都不管",变成了"没有什么不能管"。

行政膨胀则是指当代社会行政职能日益强大,行政机关的队伍日益庞大,社会的每一个角落都不止有一项行政职能在起作用。行政机关在一定范围内享有了立法权、行政权和司法权,成为一个集各种国家权力于一身的机构。

就当今社会来说,行政的功能可以分为基本功能和运行功能两个部分。

(一)行政的基本功能

1. 政治功能

政治功能,即行政具有采取强制手段,维护有利于统治阶级的社会秩序和对内安定、对外独立的职能。政治功能包括军事、保卫、镇压及民主四个部分，是国家统治职能的集中体现和行政管理职能阶级性的具体表现。

2. 经济功能

经济功能，即行政具有通过对政府的经济管理部门实施领导、组织和管理来实现发展经济、为经济基础服务的作用。当前，我国行政的经济功能主要表现为：建立和发展社会主义市场经济体制，维护良好的市场秩序，保证通过市场对社会资源进行有效配置，保证市场主体公平、合理、正当、有序地开展竞争，使社会经济全面健康地发展，不断满足人民群众日益增长的物质和文化需要。

3. 文化功能

文化功能，即行政具有组织创造和传播知识，提高民族文化素质，宣传国家的政策、法律，建设社会主义精神文明的职能。我国行政的文化职能体现在教育、科技、文学艺术、新闻出版、广播电影电视、卫生、体育、图书馆、博物馆等各种文化事业上。政府通过制定文化发展的总体规划，制定有关法规、规章，组织重大科技项目攻关，改革文化体制来实现其文化职能。

4. 社会保障功能

社会保障功能，又称社会服务职能。社会保障是政府为了保持经济发展和社会稳定，对劳动者或社会成员因年老、伤残、疾病、失业而丧失劳动能力或就业机会，或因自然灾害或意外事故等原因面临困难时，通过国民收入分配和再分配，提供物质帮助和社会服务，以确保其基本的生活需要。行政的社会保障功能是通过政府的专门机构对社会福利、社会救济、社会保障事业的管理来实现的。凡属于改善和保障公众物质文化生活的事业和措施，都可被划入社会保障功能的范畴。

上述四项基本职能是相互依赖、相互制约、相互促进的，其共同目标都是维护国家安定和社会发展。这四者是一个完整的整体，它们不能孤立地发挥作用，所以必须相互配合，缺一不可。

（二）行政的运行功能

行政的运行功能是指行政在对国家事务和社会公共事务进行组织和管理的过程中所发挥的作用。行政的运行功能包括计划功能、组织功能和控制功能三个方面。

计划功能是为了达到一定的目标,对行动的步骤、方法、环节等选择最佳方案,由确立目标、进行预测、经费预算和方案抉择等组成,是国家有效地实施行政管理的首要职能。

组织功能是为了实现既定的行政目标而建立相应的组织机构,并进行有效的指挥、沟通、协调工作。组织功能的发挥,取决于所建立的组织机构是否合理,指挥系统是否灵活,内外关系是否融洽和信息交流是否通畅等诸多因素。

控制功能是为了保证行政目标的实现,对行政管理的过程进行有效的监督,对有悖于法律和管理宗旨的行为采取有效措施,及时加以纠正,使行政管理活动正常进行,以保证行政管理系统高效有序地运转。

四、行政法所规范的行政

显而易见,行政法以国家行政作为自己的调整对象,但并非所有的国家行政都已经被纳入了行政法的调整范围。究其主要原因,一是行政处于不断发展变化之中,而面对行政的发展变化,行政法无力即刻做出调整,因此,总会出现行政法滞后于行政发展的情况;二是法律所规范的只能是国家管理过程中的大事,不可能事无巨细地进行规定,因此,总是有些细小的事项未被纳入,也没有必要被纳入行政法的调整范围。

在大陆法系的国家,行政法所调整的行政有不同的分类:根据行政组织的层次不同,将行政分为中央行政和地方(自治)行政;根据行政机关在进行行政管理时所行使权力的强弱不同,将行政分为高权行政、非权力行政和国库行政;根据行政是否由国家行政机关直接作出,将行政分为直接国家行政和间接国家行政;根据行政所关涉的内容,将行政分为外部行政和内部行政;等等。值得注意的是,上述各种分类方法虽然被学者提出来,但行政法学的研究一般都没有沿着上述分类方法展开。多数行政法学者主要以行政的功能及内涵为标准对行政进行分类。

第二节 行政权

一、行政权界说

关于行政权，理论界有四种不同的提法，即"行政权""行政权力""行政管理权"和"行政管理权力"。在给行政权下定义时，学者们的观点也不一致，因此，有必要对其进行一下界定。

有的学者认为，行政权是由国家宪法、法律赋予的国家行政机关执行法律规范、实施行政管理活动的权力，是国家政权的组成部分。

有的学者认为，行政权作为国家政权的组成部分，就是国家行政机关执行国家意志、管理国家公共事务的权力。

有的学者认为，行政权是国家行政机关执行法律、管理国家行政事务和社会事务的权力，是国家政权的一个组成部分。

还有的学者认为，行政权是指国家行政机关执行法律、管理国家行政事务的权力，是国家权力的组成部分。

从上面列举的一些学者关于行政权定义的观点可知，这些学者就行政权的问题已经取得以下共识：

第一，行政权是国家政权的一个组成部分。这一点有利于我们正确认识行政权与国家政权之间的关系。

第二，行政权的主体是国家行政机关。

第三，行政权的内容是执行法律，管理国家行政事务。

在当今社会，由于行政授权的存在，一些国家行政机关之外的社会组织在法律、法规特别授权的情况下也拥有一定的权力，因此，行政权的主体不仅限于行政机关，还包括法律、法规特别授权的社会组织。可见，行政权是指法律赋予行政主体依法执行法律、对国家事务和社会公共事务进行组织和管理的一种国家权力。

根据我们给行政权所下的定义可知,行政权应当包含以下几个方面的含义:

第一,行政权是国家权力的一个重要组成部分,是国家权力的核心内容。

第二,行政权的主体是国家行政主体,包括国家行政机关和法律、法规特别授权的社会组织。

第三,行政权由国家的宪法、法律、法规确定,具有法定性的特点。法律规定行政权的行使主体和行政权的内容、范围、条件,防止非行政主体行使行政权和行政主体在违反法律规定的情况下行使行政权。

第四,行政权的行使必须严格依照法律的规定进行。行政主体行使行政权的方式、程序、目的都必须依照法律的规定进行。因此,法律没有确定赋予行政主体的权力,不属于行政权力,行政主体不得行使;违反法律规定行使行政权力的行为,属于行政违法行为。

第五,行政权的具体内容是执行法律,对国家事务和社会公共事务进行组织和管理。

二、行政权与相关概念之间的关系

要准确地把握行政权,必须准确地区分行政权与政权、行政职权、行政权限和公民权利之间的关系。

(一)行政权与政权的关系

政权的内容十分广泛,凡与国家实行统治有关的权力,都可以被划入政权的范畴,大致可以分为立法权、行政权、司法权和军事权等几项内容。由此可见,行政权只是国家政权的一个组成部分,是政权的一种表现形式,二者之间不能画等号。

行政权与政权的区别主要表现为:第一,权力主体不同。行政的主体是国家行政主体,而政权的主体则是国家。第二,权力的内容不同。行政权的内容是对国家事务和社会公共事务进行组织和管理，而政权的内容是对内统治，对外独立。

（二）行政权与行政职权的关系

行政职权一般是指行政主体对国家事务和社会公共事务进行组织和管理的资格与权能。行政职权是由行政权转化而来的。当一项行政权被定位或配置给某一个具体的行政主体行使时，就成为这一行政主体的职权。例如，驾驶员资格培训的管理权，是国家行政权力的一部分，当由公安机关行使时，就成为公安机关的职权；当由交通部门行使时，就成为交通部门的职权。又如，农业税征收的权力属于国家行政权的一部分，原来由财政部门负责行使，属于财政部门的职权之一，后来将其划归到税务部门行使，成为税务部门的职权之一，现在国家取消了农业税，则不再行使该项职权。由此可见，在实践中行政职权是可以转变的。行政职权是被具体定位到职位上的行政权，是行政权的具体化。行政权与行政职权是抽象与具体、一般与个别的关系。

（三）行政权与行政权限的关系

行政权与行政权限是整体与局部的关系。一般认为，行政权由三个基本要素构成，即行政权的主体、行政权的内容和行政权的范围或限度。因此，行政权限只是构成行政权的三个要素之一。行政权限作为行政权的构成要素之一，从地域上、时间上、管辖上和级别上对行政权的行使做出限制，要求行政主体必须严格在法定的范围内进行行政管理，否则就构成行政越权，越权行政属于无效行为。

（四）行政权与公民权利的关系

公民权利是公民依法享有的作为或不作为，要求他人作为或不作为的资格。从根本上讲，行政权来源于公民权利，是公民权利的特殊转化形式。公民权利转化为行政权的过程，首先是公民通过选举，组成国家权力机关（即公民权力集中起来转化为国家权力），然后再由国家权力机关组织政府，通过立法将行政权分解给行政主体（即国家权力机关将由公民权利转化而来的国家权力授予行政主体）。由于行政权是从公民权利转化而来的，因此决定了行政权必须对公民权利进行有效的保护，必须接受公民权利的监督，这样才能保证行政权始终忠实于公民的合法权利，防止行政权对公民权利造成损害。

另外，由于行政权是一种国家权力，具有强制性，因此，行政权的存在和行使，都是以国家强制力为后盾的，具有强制公民服从的性质，这是行政权同公民权利的主要区别。公民的权利不具有直接强制对方当事人服从的性质，所以当公民的合法权利受到侵害时，公民只能请求有关国家机关行使国家权力来对自己的合法权利加以保护，而不得自行采取措施强迫对方服从。

三、行政权的内容

由于行政事务涉及的范围十分广泛，因此，行政权的内容也十分广泛。根据我国宪法、法律的规定，我国行政权的内容主要包括以下几个方面：

第一，行政立法权，亦称制规权，是指依据宪法、法律的规定，一定级别的国家行政主体享有的制定和发布行政法规、行政规章的权力。

第二，行政命令权，是指行政机关依法有权命令下级行政机关、行政相对人必须为一定行为或不得为一定行为的权力。

第三，形成权，是指行政主体可以依法同行政相对人之间产生、变更或者消灭一定的行政法律关系的权力，如税务机关有权要求纳税义务人缴纳税款，或根据纳税义务人的申请依法减免税款等。

第四，行政执法权，是指行政主体依法享有的依照法律规定，处理具体行政事务的权力。行政执法权的内容包括采取行政措施、作出行政许可、作出行政决定、实施行政处罚、采取行政强制措施、确认一定的法律事实或法律关系、进行行政监督检查等。

第五，行政司法权，即行政裁决权或争议调处权，是指行政主体有权依照法律的规定，在自己的职责范围内对行政争议或有关的民事争议进行处理，并作出裁决的权力。行政司法权具体包括行政调解权、行政仲裁权、行政裁决权和行政复议权四项内容。

第三节 行政法

一、行政法界说

在我国出版的第一本行政法教科书《行政法概要》中，将行政法定义为："行政法是规定国家行政机关的组织、职责权限、活动原则、管理制度和工作程序的，用于调整各种国家行政机关之间，以及国家行政机关同其他国家机关、企业事业单位、社会团体和公民之间行政法律关系的各种法律规范的总和。"在此之后，学者关于行政法的定义各不相同。目前行政法理论界对行政法的定义也尚未取得一致的认识。关于这种情况，一方面表现为各学者对行政法的认识不一致，另一方面表现为同一学者的认识也是发展变化的。下面介绍国内外影响较大的学者关于行政法的定义。

（一）国外学者关于行政法的定义

国外学者关于行政法的定义主要有以下几类：

第一，法国学者关于行政法的定义。法国学者一般将行政法定义为调整行政机关一切行政活动（即公务行动）的国内公法。

第二，德国学者关于行政法的定义。德国学者一般将行政法定义为关于行政活动、行政程序和行政组织方面的法律规范。行政机关与公民在行政管理方面的权利和义务是德国行政法的中心内容。

第三，日本学者关于行政法的定义。日本学者室井力认为："从广义上讲，行政法是指行政组织、作用以及处理与此有关的纠纷及行政救济的法。"

第四，美国学者关于行政法的定义。美国学者伯纳德·施瓦茨认为："行政法是管理政府行政活动的部门法。它规定行政机关可以行使的权力，确定行使这些权力的原则,对受到行政行为损害者给予法律补偿。"

第五,英国学者关于行政法的定义。英国学者威廉·韦德认为:"行政法定义的第一个含义就是它是关于控制政府权力的法。"

(二)国内学者关于行政法的定义

1. 罗豪才关于行政法定义的观点

第一,行政法是调整行政关系的法律规范的总称,或者说,行政法是调整国家行政机关在其行使职能的过程中发生的各种社会关系的法律规范的总称。

第二,行政法是国家重要的部门法之一,是调整行政关系的法律规范的总称,或者说是调整国家行政机关在其行使职权过程中发生的各种社会关系的法律规范的总称。

第三,行政法是国家重要的法律部门之一,是调整行政关系以及在此基础上产生的监督行政关系的法律规范和原则的总称,或者说是调整因国家行政机关行使其职权而发生的各种社会关系的法律规范和原则的总称。

第四,行政法是调整行政关系和基于行政关系而产生的监督行政的关系的法律规范体系。

2. 应松年关于行政法定义的观点

第一,行政法是关于国家行政组织及其行为,以及对行政组织及其行为进行监督的法律规范的总称。

第二,中国特色社会主义行政法是规定中国行政机关及其工作人员的制度、规定行政管理活动和程序,是对行政活动实施法制监督,调整行政机关在行使国家行政权力时发生的行政关系的法律规范的总称。

第三,行政法是关于国家行政组织及其行为,以及对行政组织及其行为进行监督的法律规范的总称,调整在行政管理过程中行政机关与其他国家机关、社会团体、企业事业单位和公民之间的各种社会关系。

3. 王连昌关于行政法定义的观点

第一,我国行政法是中国特色社会主义法律体系中的重要部门法之一,是关于行政管理的法律规范的总称。它是有关国家行政机关的组织和行政行为,以及行政法制监督的法律、法规及其他法律规范的总称。它适用于调整国家行政机关之间以及国家行政机关同公民、其他组织之间在行政管理活动中所产生的社会关系。

第二，行政法是近现代国家关于行政管理的法律规范的总称。

第三，行政法是调整与规定国家行政权力的法律，它主要承担行政权力组织、行政权力活动，以及对行政权力运用所产生的后果的补救。

第四，行政法是关于行政权力的组织分工和行使、运作，以及对行政权力进行监督并进行行政救济（或补救）的法律规范的总称。

4. 姜明安关于行政法定义的观点

第一，行政法，就是调整行政关系，即调整国家行政机关在行使执行、指挥、组织、监督等职能过程中发生的各种社会关系的法律规范的系统。

第二，行政法是规定国家行政机关的组织、职权、行使职权的方式、程序以及行政责任，调整行政社会关系的法律规范系统。

第三，行政法是规定国家行政主体的组织、职权、行使职权的方式、程序以及对行使行政职权的法制监督，调整行政关系的法律规范系统。

5. 胡建淼关于行政法定义的观点

第一，行政法是指国家行政管理法律规范的总称，是一个以行政关系为调整对象的仅次于宪法的独立的法律部门，目的在于保障国家行政权运行的科学性、民主性和合法性。

第二，行政法是指有关国家行政管理的各种法律规定（行政法规范）的总和，是一个以行政关系为调整对象的仅次于宪法的独立法律部门，其目的在于保障国家行政权运行的合法性和合理性。

6. 张树义关于行政法定义的观点

第一，所谓行政法，就是调整行政活动的法律规范的总称。它主要规范国家行政权力的组织、行政权力的活动，以及对行政活动的后果进行补救，其目的在于确认或建立符合人民意志或利益的行政法律秩序。

第二，所谓行政法，就是调整与规定行政权的法律。它主要承担行政权力的组织、行政权力的活动，以及对动用行政权力所产生的后果的补救。

7. 张尚鷟关于行政法定义的观点

第一，行政法，是现代国家据以进行各个方面的国家行政管理工作的全部行政管理法规的总称。

第二，行政法，是现代国家据以实施各个方面的国家行政管理工作的全部行政法规范的总称，是各国法律体系中一个重要的组成部门。

第三，行政法是调整行政关系的法律规范的总称。或者说，行政法是调整国家行政机关在其履行职能过程中发生的各种社会关系的法律规范的总称。

8. 其他学者关于行政法定义的观点

杨海坤认为，所谓行政法，是宪法统率下的一个重要的独立的法律部门，它是调整国家行政权运行过程中发生和形成的各类社会关系（包括行政关系和监督行政关系）的全部行政法律规范的总和。行政法规定国家行政机关及其工作人员的制度、规定行政管理活动和程序，并规定对行政活动实施法律监督的制度，从而建立起保障人民利益的行政法律秩序，以保证国家行政权力运行的民主性、科学性和合法性。

龚祥瑞认为，行政法是关于行政的法律。它调整着行政机构的组织和职能、权限和职责。

陈安明认为，行政法是关于行政组织、行政管理活动和行政救济的行政法律规范的总称，用以调整国家行政机关在行政活动中与行政相对人之间发生的行政关系，是我国社会主义法律体系的重要组成部分。

武步云认为，行政法作为整个法律体系中的一个部门，是调整国家行政权力活动及由此种活动构成的行政关系的法律规范体系，其本质是对行政权力行使的规律和行政关系运行的规则、秩序的反映。

叶必丰认为，行政是以一定层次的公共利益和个人利益之间的关系为基础和调整对象的法律规范的总和。

从上面列举的各种观点来看，关于行政法的定义，行政法学界存在不同的认识，同一个学者对行政法定义的认识也是在不断发展变化着的。因此，我们还有对行政法概念充分发表见解的空间。

二、行政法的调整对象

法律是社会关系的调整器。行政法同其他部门法一样，也具有自己独立的调整对象。在行政法学界，关于行政法的调整对象有不同的观点。有的学者认为，行政法只调整单一的社会关系——行政关系。有的学者认为，行政法调整两种社会关系，即行政关系和监督行政关系。有的学者认为，行政法调整三种社会关系，即在创设行政权力的过程中立法机关与行政机关的关系，行政权力行使、运用过程中行政机关与行政相对人之间的关系，以及行政机关之间、行政机关与公务员之间的关系和行政权力实施监督过程中发生的社会关系。有的学者认为，行政法以行政权为调整对象。笔者认为，对行政关系可以做出广义和狭义两种解释：在广义上，只要是由行政法调整的社会关系都属于行政关系；在狭义上，行政关系仅指行政主体在行使行政职权过程中与行政相对人、公务员、其他行政主体之间发生的社会关系。

笔者将行政法的调整对象分为四类，即行政主体与国家权力机关之间的社会关系——行政权力取得关系；行政主体与行政相对人、公务员、其他行政主体之间的社会关系——行政关系；行政主体与监督行政主体（主要是行政主体与司法机关）之间的关系——监督行政关系；行政救济主体与受损害的行政相对人之间的关系——行政救济关系。

（一）行政权力取得关系

行政权力取得关系是指在行政主体通过法定的途径获得行政权力的过程中所发生的社会关系的总称。我国《宪法》第二条规定："中华人民共和国的一切权力属于人民。""人民行使国家权力的机关是全国人民代表大会和地方各级人民代表大会。""人民依照法律规定，通过各种途径和形式，管理国家事务，管理经济和文化事业，管理社会事务。"根据这些规定，从根源上说，国家行政机关所行使的行政权力并不是行政机关的天然性权力，而是一种授予性权力。在这一权力被授予的过程中，首先是人民通过选举将国家权力赋予国家权力机关，然后由国家权力机关通过立法将管理国家行政事务的权力授予国家行政机关。因此，行政权力是人民通过自己的代表机关——权力机关，以立法的方式授予行政机关的，行政权力并不是行政主体的自然性权力。行政权力取得关系所包含的主要内容，首先，是指权力机关将行政权力授予行政机关，这一关系在实践中主要为宪法调整，属于宪法学研究的范畴；其次，是指上级行政机关将已经归属于自己的行政权力授予下级行政机关或分解给下属机构，以及行政主体将权力委托给其他社会组织，这一权力取得关系则属于行政法调整，属于行政法学研究的范畴。

（二）行政关系

行政关系是国家行政主体在履行其职能的过程中对内、对外发生的各种社会关系的总称。在这类行政关系中，行政主体是国家行政权力的承担者，代表国家与其他主体发生社会关系，并且在这些社会关系中行使行政权力，管理国家事务和社会公共事务。行政关系是行政法调整的各种社会关系的核心，其他各类社会关系都是由此发生的。

行政关系包含三种关系，即行政主体与行政相对人之间的行政关系、行政主体与公务员之间的行政关系和行政主体与行政主体之间的行政关系。

行政主体与行政相对人之间的行政关系，属于外部行政关系，其特点是行政主体处于主导地位，行政主体与行政相对人之间在意思表示上不对等，行政主体可以不经行政相对人同意就单方面决定产生、变更或消灭一定的行政关系。

行政主体与公务员之间的行政关系，又称行政职务关系，是指普通公民经过法定的程序成为公务员，承担一定的行政职务而与国家之间构成的行政关系。在这种行政关系中，公务员是行政主体的代表，代表行政主体行使行政职权；同时，公务员行使行政职权所产生的一切法律后果也自然归属于行政主体。

行政主体与行政主体之间的行政关系，如果处于上下级隶属关系中，则属于层级节制的范畴，即上级有权命令下级、下级必须服从上级的命令；如果处于同级或不同级别的非隶属关系中，则是一种协作关系，一方不得直接命令另一方。

这里必须特别指出，行政主体与公务员之间的关系、行政主体与行政主体之间的关系都属于内部行政关系。

（三）监督行政关系

监督行政关系是指各监督主体在对行政权力的运行进行监督的过程中，与行政主体之间形成的监督与被监督关系。在监督行政关系中，行政主体处于被监督地位，必须接受监督主体的监督。

监督行政关系除包括权力机关对行政主体及其公务员实施的监督关系，人民法院对行政主体实施的监督关系，人民检察院对行政主体及其公务员实施的监督关系，相对人、社会团体、人民群众、舆论界对行政主体实施的监督关系等来自行政主体外部的监督关系外，还包括行政系统内部上下级之间的监督关系，如因专司监督职责的审计、监察等部门实施监督而发生的监督与被监督关系等。

（四）行政救济关系

行政救济关系，是指在行政关系发生争议时，法律为解决争议，纠正违法行政行为，保护行政相对人的合法权益而提供补救时形成的社会关系。

三、行政法律规范

（一）行政法律规范的含义

行政法律规范，是指由国家制定或认可，并由国家强制力保障实施的用以调整因行政权取得、行使、控制和救济而发生的各种社会关系的行为规则。行政法律规范是构成行政法的"细胞"，没有这一个个"细胞"，就没有行政法的整体。

（二）行政法律规范的结构

对于行政法律规范的结构，理论界存在着很大的分歧。有人认为，行政法律规范由假定、处理和制裁三个要素组成；有人认为，行政法律规范由法定事实、行为模式和法律后果三个要素组成；有人认为，行政法律规范由假定、处理和法律后果三个要素组成；另外，还有人认为，行政法律规范由行为模式和法律后果两个要素组成。笔者认为，根据我国现行行政立法和执法的实际情况，将行政法律规范在逻辑结构上分为行为模式和法律后果两个部分较为合理。

行为模式是人们在某种情况下的行为准则。在行政法律规范中主要有授权性行政法律规范和命令性规范两种。

第一种是授权性行政法律规范。例如，《中华人民共和国行政处罚法》（以下简称《行政处罚法》）规定，行政处罚由具有行政处罚权的行政机关在法定职权范围内实施。国务院或者经国务院授权的省、自治区、直辖市人民政府可以决定一个行政机关行使有关行政机关的行政处罚权,但限制人身自由的行政处罚权只能由公安机关行使。

第二种是命令性规范。例如,《中华人民共和国建筑法》规定,建筑工程开工前,建设单位应当按照国家有关规定向工程所在地县级以上人民政府建设行政主管部门申请领取施工许可证,但国务院建设行政主管部门确定的限额以下的小型工程除外。建设单位应当自领取施工许可证之日起三个月内开工。因故不能按期开工的,应当向发证机关申请延期,延期以两次为限,每次不超过三个月。既不开工又不申请延期或者超过延期时限的,施工许可证自行废止。《行政处罚法》规定,行政处罚决定依法作出后,当事人应当在行政处罚决定的期限内予以履行。

四、行政法的渊源

行政法的渊源,即行政法的法源或行政法的形式,是指行政法律规范存在和表现的各种具体形式的总称。根据我国现行立法体制的基本情况,行政法的渊源十分广泛,包含各种不同效力层次和不同效力的规范性法律文件。行政法的渊源可以分为一般渊源和特殊渊源两大类。行政法的一般渊源,是指由拥有立法权的国家权力机关和行政机关依照法律的权限和程序所制定的规范性法律文件,包括宪法、法律、行政法规、部门规章、地方性法规、地方政府规章、民族区域自治地方的自治条例和单行条例等。行政法的特殊渊源,是指有关国家机关对行政法规范做出的解释,以及国家权力机关、行政机关与其他国家机关或社会组织共同制定的规范性法律文件,包括法律解释、其他规范性法律文件和国际条约、国际惯例等。具体来说,我国行政法的渊源有以下几类:

(一)宪法

宪法是国家的根本大法,是治国安邦的总章程。它规定的是国家的基本制度,具有最高的法律地位和法律效力,是其他一切立法的依据,是我国行政法最重要的渊源。宪法中关于国家行政机关的组织和活动的原则、关于国家行政机关职权的规范、关于国家行政区划和设立特别行政区的规范、关于公民基本权利和义务的规范等都是行政法的渊源。宪法中这些基础性、纲领性和指导性的规范，是国家权力机关制定行政法律，以及国家行政机关制定行政法规、规章，采取行政措施，发布行政决定或命令，进行行政管理的基本法律依据，一切行政行为都不得与其相抵触。

（二）法律

作为行政法重要渊源之一的法律，是指国家最高权力机关制定的规范性法律文件，包括由全国人民代表大会制定的基本性法律和由全国人民代表大会常务委员会制定的非基本性法律。基本性法律的效力仅次于宪法，又称为宪法性法律，是指关于国家的根本政治制度、政府组织制度、公民权利和义务的法律，如《中华人民共和国国务院组织法》《中华人民共和国地方各级人民代表大会和地方各级人民政府组织法》《中华人民共和国香港特别行政区基本法》《中华人民共和国行政诉讼法》（以下简称《行政诉讼法》）、《中华人民共和国兵役法》等。非基本性法律，又称单行法律，是对某一方面的社会关系进行调整的法律，其效力次于基本性法律，如《行政处罚法》《中华人民共和国治安管理处罚法》《中华人民共和国海关法》《中华人民共和国土地管理法》《中华人民共和国防洪法》《中华人民共和国建筑法》《中华人民共和国草原法》《中华人民共和国价格法》等。当然，在这些法律文件中，并非所有的规定都属于行政法规范，也并非全部条款都是行政法的渊源，只有其中具有行政法性质的法律规范，即具有调整行政关系功能的法律规范才是行政法的渊源。

（三）行政法规

行政法规，是国务院根据宪法和法律制定和发布的关于行政管理的规范性法律文件的总称，如《气象灾害防御条例》《政府参事工作条例》《森林防火条例》《抗旱条例》等。国务院制定的行政法规内容十分广泛，涉及国家行政管理的各个领域。行政法规在法律效力上仅次于法律，对行政管理活动具有约束力，也是行政法的常见渊源之一。

（四）部门规章

部门规章，是由国务院各部委根据法律和国务院的行政法规、决定、命令，在本部门的权限范围内制定和发布的规范性法律文件的总称，如农业农村部发布的《渔业行政处罚规定》等。其法律效力低于行政法规，也是行政法的重要渊源之一。

（五）地方性法规

地方性法规，是指省、自治区、直辖市的人民代表大会及其常务委员会，省、自治区的人民政府所在地的市和经国务院批准的较大的市的人民代表大会根据本市的具体情况和实际需要，在不同宪法、法律、行政法规和本省、自治区的地方性法规相抵触的前提下，就本地区范围内的事务制定和发布的规范性法律文件的总称。按规定，省、自治区、直辖市的地方性法规应当报全国人民代表大会常务委员会和国务院备案，其他地方性法规应报省、自治区人民代表大会常务委员会批准后施行，报全国人民代表大会常务委员会备案。地方性法规是调整区域性行政关系的重要法律规范，是行政法的重要渊源之一。

（六）自治条例和单行条例

根据我国《宪法》的规定，民族自治地方人民代表大会有权依照当地民族的政治、经济和文化的特点，制定自治条例和单行条例。自治区的自治条例和单行条例，报全国人民代表大会常务委员会批准后生效。自治州、自治县的自治条例和单行条例，报省或自治区的人民代表大会常务委员会批准后生效，并报全国人民代表大会常务委员会备案。因此，自治条例是指民族自治地方的人民代表大会依法制定的调整该地方的民族关系、政治关系、经济关系、文化关系和各种权益关系，反映和体现自治民族的自治的地方性法规，如《云南省大理白族自治州自治条例》《云南省巍山彝族回族自治县自治条例》。民族自治地方的单行条例指其人民代表大会依法制定的，专为调整某种社会关系的地方性法规。民族自治地方制定的自治条例和单行条例同地方性法规在制定机关、规定内容、报批程序和备案程序等方面都存在差别。自治条例和单行条例是民族区域自治地方进行行政管理的重要依据，也是我国行政法的重要渊源之一。

（七）地方政府规章

地方政府规章，是指省、自治区、直辖市人民政府，省、自治区的人民政府所在地的市人民政府，以及经国务院批准的较大的市的人民政府，根据法律和行政法规所制定的规范性法律文件的总称。地方政府规章的效力低于地方性法规和部门规章，也是行政法的渊源之一，且其数量非常多。

（八）国际条约

国际条约，是指两个或两个以上国家就相互间的政治、经济、文化等的权利和义务关系所达成的各种协议的总称。国际条约虽然不属于国内法的范畴，但我国缔结和加入的国际条约对我国的国家机关、公民都具有约束力，行政机关在行使行政职权时也必须遵守。所以，国际条约也是行政法的渊源之一。

（九）法律解释

这里的法律解释是指有权机关的解释，指特定的国家机关对法律规范的含义以及有关的法律概念、术语等所作的具体说明。1981年6月10日第五届全国人民代表大会常务委员会第十九次会议通过了《关于加强法律解释工作的决议》，将我国正式有效的法律解释分为立法解释、司法解释、行政解释和地方解释四种。这些法律解释对行政权的行使同样具有约束力，所以也是我国行政法的重要渊源之一。《中华人民共和国立法法》对法律解释问题也做了专门规定。

（十）其他渊源

其他渊源是指行政机关与政党、群众团体等联合发布的规范性文件等，如中共中央与国务院联合发布的规范性文件、中共中央的有关部门与国务院有关部委联合发布的规范性文件、国务院有关部门与有关的社会组织发布的规范性文件等。这是我国行政法特有的渊源。

这里必须指出两个问题：第一，我国是实行成文法的国家，只承认成文法作为法律的渊源，判例法和法学理论不属于我国行政法的渊源；第二，判例法和法学理论虽然不属于行政法的渊源，不能作为执法和司法的根据，但对行政法学的研究具有十分重要的意义。

五、行政法的特点

与其他部门法相比，行政法具有许多特点。这些特点可以从形式和实质内容两个方面进行描述。

（一）行政法在形式上的特点

行政法分散于宪法、法律、法规、规章等众多表现形式的法律文件之中，不像民法那样具有一部系统、完整、统一的实体性成文法典。这是由于行政权的作用范围广泛，行政法调整着社会生活中各个方面的社会关系，内容十分复杂，每一个方面都有其自身的规律，不能用统一的规范进行调整。加之行政管理活动变动快，涉及许多不同的专业知识，需要采用不同的管理手段进行管理，无法将其用统一的法典规定在一起。当然，行政法不具有系统、完整、统一的成文法典是针对整个行政法而言的，事实上，制定局部的行政法典也是可能的。例如，制定行政诉讼法典、行政程序法典等局部的法典不仅是可能的，而且已经在不少国家成为现实。从现代各国行政法的发展趋势来看，行政法将出现实体法上的分散化和程序法上的法典化特点。

行政法的表现形式、法律文件和法律规范的数量特别多，居于各部门法之首。这是因为：一方面，行政活动的范围十分广泛，需要很多行政法律规范进行调整。另一方面，行政立法有多部门、多层级的立法。例如，既有中央立法，又有地方立法；既有权力机关立法，又有行政机关立法；既有一般行政区域的立法，又有民族自治地方的立法、特别行政区的立法；等等。这种多部门、多层级的立法，虽然名目繁多、效力不一，但都是为了适应行政法内容的广泛性、技术性和易变性的特点，是为了满足依法行政的需要。

（二）行政法在内容上的特点

1. 行政法的内容具有广泛性

行政法的内容涉及外交、军事、公安、司法行政、财政金融、人力资源和社会保障、交通运输、民政、教育、科技、文化、卫生、税务、海关等行政管理的各个领域，涉及行政权的取得、行政、控制、救济等各个环节，可以说包罗万象，其内容自然十分广泛。

2. 行政法规、行政规章等法律文件表现出来的行政法律规范稳定性不足、变动性强

这是相对于宪法、刑法、民法而言的，在法制史上有的成文法典曾经施行

上百年的历史，如美国宪法典、法国民法典等都是稳定性十分强的法律文件。但行政法，特别是以非法典方式体现出来的行政法律规范，其稳定性不足，这是因为，当今社会在飞速发展，新生事物、新的社会关系层出不穷，各种社会关系在不断地变化，行政法律规范也必须随着客观形势和条件的变化而变化，以适应客观现实的需要。特别是在我国改革开放的今天，这种变动更为明显，更为突出，所以，行政法的立、改、废比其他部门法要快得多、频繁得多。当然，我们说行政法律规范具有易变性，只是相对的，绝不是说行政法律规范变幻莫测，可以朝令夕改。

3. 行政法的效力具有多层次性

在论述行政法的渊源时，我们已经论及行政法是由具有不同法律效力层次的宪法、法律、行政法规、地方性法规、自治条例和单行条例、行政规章、国际条约、法律解释等组成的，所以，行政法的效力也必然具有多层次性的特点。

值得指出的是，从形式和内容两个方面来总结行政法的基本特点，已经是行政法学界的共识，但行政法学界也有学者对行政法的特点做了其他总结。例如，杨海坤主编的《中国行政法基础理论》一书认为行政法的特点包括以下四个方面：① 行政法规范的重点和核心是行政权；② 行政法调整的是因行政权的行使所引起的各种社会关系，包括行政管理关系和监督行政关系；③ 行政法规范的内容包括行政权主体、行政权内容、行政权行使以及行政权运行的法律后果等方面；④ 行政法形式上的重要特征是没有也不可能有一部包含行政法全部内容的完整法典。杨解君所著的《行政法学》一书认为，行政法的一般特征有：行政法是国内公法；行政法是政治的法与技术的法的统一；行政法既是控制权法，又是保障法；行政法是具有多元性的法（形式多元、效力多元）；行政法是实体法与程序法的综合体。在此基础上，该书进一步认为，我国的行政法有以下特点：传统重实体，趋势是实体与程序并重；当下以成文法为唯一依据，趋势是以成文法为主、以判例法为补充；无公私法之分；有独立的行政诉讼制度，但行政诉讼案件由普通法院管辖。

六、行政法的分类

对内容十分广泛的行政法进行分类研究，目的在于进一步揭示不同类别的行政法所具有的自身特色，便于我们从理论上全面掌握行政法的实质内容和在实践中准确地加以应用。目前，理论界对行政法的分类十分繁杂，分类方法非常多。

（一）以行政法的作用为标准

以行政法的作用为标准，可以将行政法分为四类，即行政组织法、行政行为法、行政监督法和行政救济法。

行政组织法是关于行政权存在的法律规范的总称，包括行政机关组织法和公务员法两部分。行政机关组织法是关于行政机关的设置、任务、职责、编制、地位、组成和活动原则等各组织事项的法律规范；公务员法则是关于公务员与国家的关系、公务员的录用、权利和义务、培训、考核、晋升、奖励、轮换、任职保障等的法律规范。目前，我国关于行政组织的法律主要有《中华人民共和国国务院组织法》《中华人民共和国地方各级人民代表大会和地方各级人民政府组织法》《中华人民共和国公务员法》。

行政行为法是关于行政权行使的法律规范的总称。其主要内容是规定行政主体与行政相对人之间的关系，行政权行使的范围、手段、方式、程序及效力等。行政行为法涉及行政机关的立法、司法、执法活动，涉及各个行政部门，其内容十分丰富，数量也非常多。在行政法律规范中，绝大多数是关于行政行为的法律规范。

行政监督法是保证行政权合法有效地行使，防止和纠正违法行政的法律规范的总称。其主要内容是对监督机关、监督原则、监督形式、监督范围、监督程序、监督效力等作出规定。行政监督法的数量虽然较少，但对保证行政权的合法有效行使，防止行政主体滥用行政权力具有十分重要的作用。因此，行政监督法一直为行政法学者所重视。

行政救济法是指国家机关通过解决行政争议，制止和纠正违法或不当的行政行为，进而对行政相对人的合法权益进行补救的法律制度。行政救济包括广义和狭义两个方面的内容，广义的行政救济是指对行政权力行使所提供的救济，包括行政系统提供的各种救济和司法救济两大部分。可见，广义的行政救济是指国家法律确定的，对因违法或不当行政行为造成行政相对人合法权益受到损害以及因合法行政行为造成损失时进行救济的法律制度的总称。狭义的行政救济则仅包括行政系统中已经形成法律制度的救济，即行政复议、行政赔偿、行政补偿、信访。根据上面的定义我们可以看出，行政救济制度是针对行政权力行使过程中可能产生的消极作用而设计的一种法律制度。由于行政主体的行政职权具有积极维护相对人合法权益、满足公共利益需要的一面，而如果这种权力不能严格依法行使，又会具有损害行政相对人合法权益的消极一面，因此，如何充分发挥其积极作用，避免其产生消极作用是当代行政法的重要内容之一。行政救济制度正是避免行政权产生消极作用的重要法律制度。

（二）以行政法的性质和作用为标准

以行政法的性质和作用为标准，可以将行政法分为两类，即行政实体法和行政程序法。行政实体法是规定行政法主体的权利和义务的法律规范的总称。行政程序法是规定行政法主体实现行政实体法所规定的权利和义务的法律规范的总称。因此，行政程序法是行政实体法的保障，没有行政程序法，行政实体法的规定就无法实现。行政实体法是目的，行政程序法是手段，二者关系十分密切，常常交织在一起，体现在一个法律体系中。

（三）以行政法的实际内容和调整范围为标准

以行政法的实际内容和调整范围为标准，可以将行政法分为两类，即一般行政法和特别行政法。

一般行政法是普遍适用于一般行政关系的法律规范的总称。这类行政法调整的是行政管理的共同性问题，同时也适用于特别行政法的领域。一般行政法包括行政组织法、公务员法、行政程序法和行政处罚法等。

特别行政法是只适用于某一特定行政领域的法律规范的总称。特别行政法的规定比一般行政法的规定更具体、详细，某一特定行政领域的特别行政法可以成为一个独立的行政法子系统。特别行政法包括经济行政法、外交行政法、军事行政法、公安行政法、文化行政法、教育行政法、卫生行政法、民政行政法、司法行政法、海关行政法、农业行政法和水利行政法等。

（四）以行政法针对的对象为标准

以行政法针对的对象为标准，可以将行政法分为内部行政法和外部行政法。内部行政法是调整行政主体之间、行政主体与公务员之间的内部行政关系的法律规范的总称；外部行政法是调整行政主体与行政相对人之间的外部行政关系的法律规范的总称。虽然内部行政法和外部行政法都以行政主体作为其中的一方当事人，但这两类法律规范要求行政主体遵守的原则、调整的方式和救济的途径等都存在着差别。

除上述简单介绍的几种分类外，还可以将行政法分为中央行政法和地方行政法、积极行政法和消极行政法、平时行政法和战时行政法、中国行政法和外国行政法等。

七、行政法的地位

行政法的地位，也就是行政法在法律体系中的地位。在整个法律体系中，行政法是一个独立的法律部门，是仅次于宪法的法律部门，是宪法最重要的实施法。

法律体系是指由一个国家现行的全部法律规范按照不同的法律部门分类组合而形成的形式上呈体系化的有机联系的统一整体。行政法是一个独立的法律部门，是指根据一定的标准和原则，按照法律调整社会关系的不同领域和不同方法等所划分的独立于其他部门法的法律规范的总和。

衡量一类法律规范是不是一个独立的法律部门，首要的标准是看其是否有区别于其他部门法的独立的调整对象。如前所述，行政法以特定的社会关系如行政权取得关系、行政关系、监督关系、行政救济关系为自己的调整对象，而这一特定的调整对象是其他部门法所不具有的。民法的调整对象是平等主体之间的人身关系和财产关系；刑法的调整对象是国家在追究和惩罚具有社会危害性的犯罪行为时形成的社会关系；经济法则是调整国家在协调经济运行过程中发生的经济关系，其调整对象主要是企业组织管理关系、市场管理关系、宏观经济调控关系和社会经济保障关系。

衡量行政法是不是一个独立的法律部门，还要看行政法有无独立的调整方法。从行政法的调整方法来看，行政法通常采用奖励与惩罚相结合的方法来调整社会关系，这种调整方法与民法、刑法调整社会关系的方法有很大的区别。根据上述分析，我们认为行政法是不同于其他法律部门的独立的法律部门。

宪法与行政法的关系之一为，行政法是仅次于宪法的法律部门，是宪法最重要的实施法。这是根据宪法与行政法的关系得出的。宪法与行政法是关系最为密切的两个法律部门。宪法是规定国家根本制度和根本任务、集中表现各种政治力量的对比关系、保障公民权利的国家根本法。宪法是国家的根本大法，它以宪法关系为自己的调整对象，在法律体系中处于最高地位，具有最高法律效力。行政法是根据宪法制定的，不能同宪法相抵触，否则行政法无效，所以行政法是从属于宪法的部门法。

宪法与行政法的关系之二为，宪法是行政法的重要渊源之一。如前所述，在宪法中有关行政权力、行政机关、行政管理和公民权利义务的规定本身就是行政法律规范的存在和表现形式。

宪法与行政法的关系之三为，宪法是行政法的立法基础，是行政法合法的前提和依据，即行政法的制定必须有宪法上的根据。没有宪法上的根据，行政法就成为无源之水、无本之木，是非法的。

宪法与行政法的关系之四为，行政法是宪法的最重要的实施法，是宪法的具体化。由于宪法规范具有原则性、抽象性和无具体惩罚性的特点，因此决定了只有通过其他法律将宪法规定具体化才能得到实现。虽然刑法、民法、经济法都为实施宪法的法律，但它们只是在某一方面实现宪法所确定的原则和内容。而行政法所规定的行政权是国家权力最重要的组成部分，宪法的许多原则必须通过行政法才能实现。如果没有行政法，宪法的众多原则和规定都难以实施。正因为如此，不少学者将行政法称为"小宪法"。美国学者霍兰德把宪法典称作"静态的宪法"，而把行政法称作"动态的宪法"。

总之，行政法与宪法的关系是十分密切的。这正如龚祥瑞所指出的一样："宪法是行政法的基础，而行政法则是宪法的实施。行政法是宪法的一部分，并且是宪法的动态部分，没有行政法，宪法每每是一些空洞、僵死的纲领和一般原则，而至少不能全部地见诸实践。反之，没有宪法作为基础，则行政法无从产生，或至少不过是一大堆乱的细则，而缺乏指导思想。"

八、行政法与刑法、民法、经济法的关系

（一）行政法与刑法的关系

行政法与刑法都是国家的基本法，各自从不同的角度和方面调整社会关系，共同维护国家的政治、经济和文化秩序。行政法与刑法的区别是十分明显的：行政法调整行政权取得关系、行政关系，监督行政关系和行政救济关系；而刑法则调整因追究和惩罚刑事犯罪而发生的各种社会关系。

行政法与刑法之间的联系主要表现为：首先，一个违法行为有时会同时触犯刑法和行政法。例如，公务员受贿既触犯行政法，也触犯刑法。其次，二者有时可以互为补充，在刑法调整不到的领域，由行政法进行调整；在行政法无法调整的领域，由刑法进行调整。最后，二者有时相互衔接，具体表现在刑罚与行政处罚的关系上，即一个违法行为超过行政处罚制裁的范围和幅度，就应当由刑罚给予其制裁。

（二）行政法与民法的关系

行政法与民法的区别是十分明显的，具体表现为以下三点：

第一，二者的性质不同。行政法是规范行政权的法律，调整行政权取得关系、行政关系，监督行政关系和行政救济关系，属于公法的范畴；而民法则调整平等主体之间的人身关系和财产关系，属于私法的范畴。

第二，在调整对象上，行政法调整的社会关系具有不对等性；而民法所调整的人身关系和财产关系的当事人具有平等地位。

第三，处理实体争议的程序不同。因民法调整的社会关系发生纠纷，按《中华人民共和国民事诉讼法》（以下简称《民事诉讼法》）规定的程序处理，其解决方式有协商、调解、仲裁和民事诉讼四种。因行政法调整的社会关系发生纠纷，可以先通过行政复议，如果对行政复议决定不服，再通过行政诉讼程序处理。

行政法与民法之间的联系表现为：二者同为国家的基本法，有时在行政法未涉及的领域可以用民法调整。例如，在《行政诉讼法》公布前适用《民事诉讼法》解决行政争议；人民法院审理行政案件，除依照《行政诉讼法》外，还可以参照《民事诉讼法》的有关规定；在行政侵权赔偿责任无行政法上的规定

时，按民法规定赔偿等。

在行政法与民法的关系上，有学者认为，行政法是社会的法律，在将来社会主义的福利国家中，民法可能会完全融合在行政法之中。

（三）行政法与经济法的关系

经济法是一门新兴的法律学科，对其是否应独立存在，其调整对象如何，理论界争论不止。将经济法的定义与行政法的定义相比较，我们不难发现，经济法同行政法的关系十分密切，甚至有部分重合。行政法调整的范围十分广泛，包括因行政权力的产生、存在、运行而产生的社会关系（含经济领域的行政关系）；经济法的调整范围只限于在国家协调经济运行过程中发生的经济关系。可见，经济法的调整范围没有行政法广泛。但是，国家协调经济运行过程中的经济关系和经济领域内的行政关系又具有重合的一面，二者的重合部分被人们称为经济行政法，这一部分应当归于经济法，还是应当归于行政法，行政法学界和经济法学界对此各执一端。在此，我们将经济法学者眼中的行政法与行政法学者眼中的经济法的观念做简要介绍。

在经济法学者看来，经济法与行政法的联系主要有四个方面：第一，二者都体现了国家对社会生活的干预或者管理；第二，二者所调整的社会关系都具有隶属性；第三，二者都要采用命令与服从的办法调整社会关系；第四，行政法所调整的社会关系和经济法所调整的社会关系能够相互作用。

经济法与行政法的区别有五个方面：第一，二者的主体不同。行政法的主体一方是政府及其非经济主管部门，另一方则是其下属的行政机关、企业事业单位、社会团体和公民。经济法的主体包括国家权力机关、行政机关和司法机关，行政法的主体则只限于国家行政机关。同时，经济法的主体一方是国家经济管理部门，另一方则是社会经济组织。此外，企业的内部管理机构和生产组织不能成为行政法的主体，却能够成为经济法的主体。

第二，调整对象不同。行政法调整的社会关系，所体现的是一种权力从属关系，同时，这种关系在大多数情况下不直接具有经济内容的行政关系。

第三，调整方法不同。行政法采取单纯的强制性的办法调整社会关系；而经济法则采取强制性、指导性和监督性相结合的方法调整社会关系，在条件成熟的时候，甚至要将指导性的方法作为主要的调整方法。

第四，作用不同。行政法着重巩固和发展政治体制改革的成果，直接为政治体制改革服务；经济法主要巩固和发展经济体制改革的成果，为经济体制改革服务。

第五，法律适用程序不同。属于行政法调整范围内的行政纠纷，单纯由行政诉讼程序解决；而属于经济法调整范围内的经济纠纷和行政纠纷，则视问题的不同，分别由民事诉讼程序和行政诉讼程序解决，将来可能由单独的经济诉讼程序解决。

九、行政法的作用

行政法的作用是指行政法在实施后对国家和社会生活所产生的影响。在我国，行政法的作用主要表现为以下四个方面：

（一）规范行政权的作用

行政法规范行政权，是指行政法为行政权的有效行使提供统一的法律依据。一方面，行政法为行政权的行使指明范围、方向、程序，防止行政权违背国家意志行使；另一方面，行政法为各级各地区的行政管理提供统一的尺度，保证上下级之间、不同地区之间、不同部门之间的行政权的统一行使，防止各自为政的现象出现。

（二）控制行政权滥用的作用

行政权是具有强制性的国家政权之一，如果它被滥用，将给国家、社会、相对人带来严重的损害。而要防止其被滥用，只有通过明确、稳定的法律——行政法才能实现。行政法对行政权的控制，是通过规定行政权的范围、幅度、程度、形式，规定违反行政法的法律责任和建立有效的监督机制来实现的。

（三）维护行政权有效行使的作用

行政权承担着对国家事务和社会公共事务进行组织和管理的重任，没有行政权的有效行使，社会关系就会发生紊乱，公共利益无法实现，个人利益无法保障。因此，行政法在控制行政权滥用的同时，也为行政权的有效行使提供了法律保障，排除了一切非法的、不利于行政权有效行使的因素，使行政管理的渠道畅通无阻，保证了国家行政管理的有效性。

（四）保障行政相对人的合法权益不受非法侵害的作用

这一作用主要表现在以下三个方面：第一，行政法明确规定行政相对人在行政管理中的合法权益不受非法侵害；第二，行政法明确规定对行政相对人的合法权益进行不法侵害的行为要受行政法的追究；第三，行政法规定行政相对人在自己的合法权益受到不法侵害时，有权向有关国家机关申诉、控告，由有关国家机关依法加以保护，排除侵害行为。

这里有必要指出，行政法对国家和社会的作用，可能是积极的，也可能是消极的，这主要取决于行政法反映行政管理客观规律的程度。如果行政法违背了行政管理的客观规律，其作用必然是消极的；反之，如果行政法能够准确全面地反映行政管理的客观规律，其作用则是积极的。同时，还取决于行政法的实施情况，一般而言，反映行政管理客观规律的行政法，实施得越全面，其积极作用越大；反之，就不能全面发挥行政法的作用。

第四节　行政法学

一、行政法学与行政法

行政法学是一门特殊的部门法学。一方面，行政法学与其他法学的分支学科之间是平行部门法学的关系；另一方面，行政法学与作为根本法的宪法学的关系比较特殊，两者的研究对象密不可分。我国学界的主流观点认为，根据法律体系的一般法理，行政法与宪法之间的关系是部门法与根本法的关系。而且，行政法是仅次于宪法的部门法。作为第二层次的法，行政法由许多具体的分支法组成，如行政处罚法、行政强制法、行政许可法等。相对于民法和刑法，行政法与宪法的关系更为密切。

行政法与行政法学是两个既有联系又有区别的范畴。行政法属于法律的范畴，是一系列调整行政关系和监督行政关系的法律规范和原则的总称。行政法的任务是调整行政关系及在此基础上产生的监督行政关系，保障和监督行政管理的实施，保护公民、组织的合法权益，增进公共利益。而行政法学属于法学的范畴，是研究行政法的学科。行政法学的任务是研究行政法的基本原则和规范，研究行政法的历史发展规律，研究行政法的本质、内容和形式，研究行政法的制定、执行和遵守，研究学者关于行政法的观点和学说等。因此，行政法学是有关行政法的学问，而行政法则是行政法学产生的客观物质基础，二者有联系，但又存在本质上的区别。在学术上，有时学者也把行政法学简称为"行政法"，但这并不意味着其属性的改变。

从行政法学的学科体系来分，可以将行政法学分为总论和分论两个部分。行政法学总论又被称为行政法学原理，主要研究行政法的一般理论、普遍原则、基本制度等，具体研究行政主体、行政行为、行政程序、行政救济等内容。行政法分论又被称为部门行政法学，主要研究国家行政管理的具体法律规范和具体管理制度，具体研究土地行政管理、教育行政管理、治安行政管理、军事行政管理、农业行政管理、税务行政管理、环境行政管理、水利行政管理、外交行政管理和工商行政管理等。

行政法学与行政管理学之间的联系并不亚于它与行政法之间的联系。讲授行政法学不能不涉及行政管理学，同样，讲授行政管理学又无法脱离行政法学。这主要是因为两者都与国家行政管理有关，都以国家行政管理有关问题为研究对象。两者有部分内容重合，因为不少国家行政管理的客观规律同时被行政法所确认，从而同时成为行政法学的内容。

二、行政法学的理论基础

（一）行政法学理论基础的基本定义

理论基础是行政法学流派形成的主要标志。在长期的争论中，我国行政法学逐渐形成平衡论、控权论、管理论、范围论等具有代表性的学说。我国对于行政法学的基础理论主要有四种提法：一是行政法学的"理论基础"；二是行政法学的"基本观念"；三是行政法学的"基本理念"；四是行政法学的"理论基石"。这些提法的差异是无关紧要的，因为其论题的同一性弥补了提法的不足。

1. 作用论

这种理论认为，行政法学的理论基础在于解决"行政法的作用是什么"这一问题。英国学者认为，行政法的主要功能在于控制政府的行政权力，"控权论"便由此产生。有人认为，行政法的作用在于保障国家行政权的有效行使，因而又有"管理论"之说。

2. 范围论

这种理论认为，行政法学的理论基础在于解决"行政法调整的范围是什么"这一问题，特别是行政法调整的范围与其他法调整的范围如何界定。法国行政法的中心观念，诸如"公共权力说""公务说""公共利益说""新公共权力说"等，都属于"范围论"。

3. 本质论

这种理论认为，行政法学的理论基础在于解决"行政法的本质是什么"这一问题。国内的"马克思主义政府论"正是力图通过人民政府的"本质论"来解释行政法的"本质"。有人推出"现代行政法本质上是平衡法"的提法，也正自觉或不自觉地立于"本质论"之上。

4. 目标论

这种理论认为，行政法学的理论基础在于解决"行政法的目标是什么"这一问题。美国的"正当程序说"接近这种理论。美国行政法学者认为，行政法就是行政程序法，其目标是确立一种"公正""正当"的"行政程序"。

我们目前还难以对行政法学有一个明确的定义，但有一点是可以肯定的，即行政法学的理论基础应该是整个行政法学理论内容的基本精神或"精神内核"，是构成行政法学理论的基础，它直接决定了行政法理论的各个方面。

在理解行政法学的理论基础时，我们需要注意的问题是：理论基础应当是开放的、不断更新和发展的。任何一种理论，当其达到不可完善的地步时，其生命也就终止了。因此，真正有生命力的理论，是可以不断证伪、不断完善的理论，就此而言，平衡论、控权论、管理论等是否有生命力，关键要看其在未来如何更新和发展。

作为行政法的理论基础,不可能也没有必要局限于一个术语的解释,否则无法避免词穷墨尽之累、以偏概全之嫌。科学的做法应当是以一种理论为中心和主轴,一并阐述和解释其他反映行政法基础理论的问题。

各种观点应当取长补短,因为各种观点只是看问题的角度不同,而不是基本结论的根本对立。

(二)行政法学理论基础的主要观点

一门学科的基础理论应当是这门学科的核心问题。我国第一篇探讨行政法学的论文,应当首推应松年、朱维究等于1983年撰写的《行政法学理论基础问题初探》一文,该文载于《中国政法大学学报》1983年第4期。该文的主要观点是"行政法学的基础理论是为人民服务论"。迄今为止,已有不少著作和论文涉及这一论题,但行政法的基础理论问题并未得到解决,相反,对此引发了行政法学界的不尽探索,从而使行政法学界对行政法学的基础理论形成了不同的观点。

1. 为人民服务论

我国自1978年恢复行政法学研究以来,第一篇专题论述行政法学理论基础的论文是应松年等撰写的《行政法学理论基础问题初探》。该文认为,行政法是规范行政机关行为的法,而社会主义国家的行政机关是人民代表大会的执行机关,它的唯一目的是执行人民的意志。因此,我国行政法学的理论基础只能是为人民服务。这一观点后来并没有被更多的人所接受和重复。该文提出该论题本身比其所得到的论题答案的意义更为重大,因为此文标志着我国理论界对行政法学理论基础研究的良好开端。

2. 有关行政法学的过程论

过程论以"管理"为着眼点,认为管理是行政机关在公民参与和监督之下办理其法定权限内事务的法律过程,行政法学对这个过程的研究,可以从组织法、行为法和救济法的角度进行。

管理者的素质应当比被管理者的素质高,行政组织法是我国行政法律体系的重要环节和组成部分,行政法学应当加强对行政组织法的研究。

公民是管理活动中的主体之一。公民参与行政管理的过程,不仅是保护和实现自己权益的过程,而且是行使宪法所规定的参政议政权的过程。

应用经济学原理分析行政过程,是过程论的另一方面内容。经济性应当成为立法、执法和司法的考虑因素。行政管理过程是一个与企业经营类似的经营过程,存在成本收益分析的需求和利益最大化的动力。

3. 有关行政法学的平衡论

"平衡论"是由罗豪才首创的一种关于我国行政法理论基础的观点。1993年,罗豪才、袁曙宏和李文栋发表《现代行政法的理论基础——论行政机关与相对一方的权利义务的平衡》一文,首次提出了"平衡论",并将其中心思想归纳为:行政法的发展过程就是行政机关与相对一方的权利和义务从不平衡到平衡的过程。古代行政法本质上是"管理法",近代行政法总体上是"控权法",现代行政法实质上是"平衡法"。他们指出,现代行政法存在的理论基础应是"平衡论"。它既表现为行政机关与相对一方权利的平衡,也表现为行政机关与相对一方义务的平衡;既表现为行政机关自身权利与义务的平衡,也表现为相对一方自身权利与义务的平衡。平衡论又被称为"兼顾论",即兼顾国家利益、公共利益和个人利益的一致。不论哪一方侵犯了另一方的合法权益,都应予以纠正。在我国,国家利益、公共利益和个人利益在根本上和总体上是一致的、统一的。这正是平衡论存在的客观基础。

尽管我国行政法学的理论基础依然是一个可以讨论的问题,但"平衡论"的提出对我国现行行政法制的建设无疑是有益的。它有助于纠正只把行政机关看成权力主体,而把公民看成义务主体的观念,也有助于我们在行政立法、行政执法和行政司法中注重对政府和公民之间权利和义务的公正对待。

行政法学在进行理论研究的同时,也关注实践中出现的新问题、新现象,理论和实践相互呼应。行政法学除了在法学体系内注重宪法学、民法学、刑法学、诉讼法学的相互借鉴和学习外,也注重吸收政治学、经济学和公共行政学等其他学科的研究成果。行政法学是一门开放性的、不断发展的和自我更新的学科,在现代民主与法治的背景下,对推动我国行政法治事业、建设社会主义法治国家发挥着重要作用。

三、行政法学的体系结构

（一）宪法学、行政学与行政法学

我国第一部行政法学统编教材《行政法概要》出版时，其行政法学体系比较接近宪法学的体系结构。当时以《行政法概要》为代表的一些教材之所以在体系上不能与宪法学体系"分家"，其原因有两个：一是研究队伍问题。我国第一代行政法学者大多是原先从事宪法学教研的。宪法学是行政法学的基础，从事宪法学研究者转而从事行政法学研究，有他们的优势和益处，但唯一的不足是他们总是不自觉地用宪法学体系去影响甚至左右行政法学体系。二是认识问题。由于受苏联"国家法"观念和英国学者韦德关于宪法和行政法关系观念的影响，我国有些学者把行政法看成"动态的宪法"。

接近宪法学的行政法学体系，使行政法学有了厚实的宪法学基础，但这同时会使行政法学科同国家行政管理实践的距离拉大，因为宪法只能抽象地指导国家行政管理实践，而不能像行政法那样直接规制国家的行政活动。此时，当人们带着让行政法直接为国家行政管理服务的愿望去重新建设行政法学体系时，一不小心就会滑向另一个体系，即行政学的行政法学体系。这种体系的特点在于，它在行政法学内容中掺杂了许多行政学而不是行政法学的内容，如行政管理的现代化和科学化等。形成行政学的行政法学体系的原因在于当时创设行政法学体系可参照的内容以及人们对行政法与行政学关系的认识。在当时的条件下，人们创设行政法学体系，除参考宪法外，另外可参考的就是行政学了。况且很多学者认为，既然行政法是直接为行政管理服务的，而行政法与行政法学仅有一字之差，故它们的内容应是相通的。

（二）行政法学总论与分论

传统行政法学总论的体系由行政组织法、行政行为法、行政救济法三部分构成。行政组织法以各行政机关的设置规则及公务员的权利和义务等为研究对象，其内容包括行政组织法与公务员法。行政行为法解决的是行政主体如何进行行政活动的问题，在行政法律制度上以种类繁多的有关行政活动的法律为对象，其内容主要包括行政行为的定型化理论、效力论、裁量论、瑕疵论等。行政救济法解决的是在行政活动违法侵害相对人的权利或利益时如何救济相对人的权利或利益，或者纠正违法行为的问题，在行政法律制度上以《中华人民共和国行政复议法》（以下简称《行政复议法》）、《行政诉讼法》、《中华人民共和国国家赔偿法》（以下简称《国家赔偿法》）等法律为对象，其内容主要包括行政复议、行政诉讼、行政赔偿、行政补偿等。可见，行政组织法是有关行政主体的设置、职权、内部组织的法律，行政行为法是有关特定行政活动的内容、形式、程序的法律，行政救济法是在行政活动违法时对相对人的权益进行救济的法律。这三部分是一个相互关联的整体，共同构成行政法学的总论。当然，在行政法学的总论体系中，三者还是以行政行为法为中心。

关于分论的部分，人们对其内容上的认识大体一致的有组织行政法学、人事行政法学、军事行政法学、外事行政法学、经济行政法学、公安行政法学、教育行政法学、民政行政法学、科技行政法学、司法行政法学、文化行政法学、建设行政法学、土地行政法学、卫生行政法学和体育行政法学等。

（三）制度性行政法学与原理性行政法学（静态与动态）

制度性行政法学与原理性行政法学是"体"与"用"的关系。

"体"是行政法中的静态构成因素，是指行政机关的组织体系以及行政机关构成分子的组成方式。对"体"做出规范的行政法规范就是静态行政法的内容。"体"的构成因素包括两部分：第一部分是行政机关以及行政机关的构成体系。在单一的国家结构形式之下，行政机关可分为中央行政机关和地方行政机关两种类型。其中，中央行政机关是在全国范围内行使权力的机关，而地方行政机关是在一定区域内行使权力的机关。地方行政机关可以根据地域范围的大小和权力的强度分为若干级别，可以包括省、市、县、乡四级。在领会行政机关的相关知识时，一定要记住以下概念：行政机关的性质和职能、行政机关的构成、行政机关的组织体系、行政机关的工作程序、行政机关的职权范围、行政机关人员的任期、行政机关的领导体系等。第二部分是公务员和在行政机关工作的其他人员。要掌握我国公务员的现行分类，主要应把握以下几点：公务员的职位分类、公务员的考试录用、公务员的权利和义务、公务员的管理制度、公务员的职位变化制度、对公务员进行管理的相关机构等。

"用"是行政法中的动态构成因素，是指行政机关在行政管理活动过程中所为的行政行为。行政法中动态构成因素同样也包括两部分：第一部分是行政机关所为的抽象行政行为。抽象行政行为，是指行政机关针对不特定的对象，制定、发布能反复适用的行政规范性文件的行为，是行政机关制定和发布普遍性行为规范的行为。作为具体行政行为的依据和指导，抽象行政行为一旦违法，造成的损害后果要比具体行政行为更严重，影响面更广。因此，从体制机制上加强对抽象行政行为的监督，促进行政机关依法行政，是建设具有中国特色的社会主义法治国家的必然要求。第二部分是具体行政行为。具体行政行为，是指行政机关行使行政权力，对特定的公民、法人和其他组织作出的有关其权利和义务的单方行为。具体行政行为的表现形式包括行政征收、行政许可、行政确认、行政监督检查、行政处罚、行政强制、行政给付、行政奖励、行政裁决、行政合同、行政指导和行政赔偿等。

第二章 行政法的基本原则

第一节 行政合法性原则

一、行政合法性原则的基础

行政合法性原则是行政必须服从法律的基本准则和法治、民主和人权原则在行政领域的具体体现和运用。也就是说,行政合法性原则是以法治、民主和人权原则为基础的。

（一）法治原则

法治是指统治阶级按照民主原则把国家事务法律化、制度化,并严格依法进行管理的一种治国理论、制度体系和运行状态。资本主义国家在制定各自的宪法时,都普遍接受法治原则,在宪法里规定依法治国、公民在法律面前一律平等、反对任何组织和个人享有法外特权等基本内容,使法治原则成为一项重要的宪法原则。

法治原则要求国家用法律来治理社会,因为只有法律才能以国家的名义来推行，才具有权威性、规范性、稳定性和可预见性。法治原则要求国家遵守法律，一切国家权力都应当受法律的全面和全程监控，公民在法律面前是平等的。公共利益本位论揭示了公共利益与个人利益的不平等性或公共利益的优先性，但这种不平等性或优先性只能体现在立法上或制度设计中，而不能在执法过程中由执法者加以主观判断。现在，法治原则在我国已经得到确立。

（二）民主原则

民主原则源于资产阶级启蒙思想家倡导的"主权在民"学说。这一学说认为，国家是人民根据自由意志缔结契约的产物，国家的最高权力应属于人民，而不属于君主。无论是国王还是政府，其权力都是人民授予的，如果不按人民的授权办事，则人民有权将其推翻。资产阶级革命胜利后，人民主权原则就成了资产阶级宪法的最一般原则。

民主原则要求国家能够自我约束。公法是调整国家与公众之间关系的法，然而，国家却垄断着一个国家中所存在的强制权力。因此，国家必须确保对统治者以外其他人格所适用的法律规则作出制裁。但公法是国家法，是统治者的法，因此，国家是否遵守宪法和法律，完全有赖于国家的自我约束，有赖于国家对公民的承诺及对承诺的自觉履行，即有赖于国家对体现民意的宪法和法律的充分尊重。只有在国家尊重民意、尊重宪法和法律的基础上，行政合法性原则才会存在。

（三）人权原则

人权的思想和理论源于资产阶级启蒙思想家的"天赋人权"说。"天赋人权"说认为，每个人都有与生俱来的平等权利和自由权利，这种基本人权既不能被剥夺，也不能被转让。资产阶级取得政权后，基本人权上升为宪法原则。

基本人权被资产阶级确认为宪法原则，有着十分重要的历史进步意义。尽管我们认为，基本人权作为人的基本权利，不同民族和国家对其应该具有共同的理解，但事实上，由于历史文化、阶级立场、国家利益等不同，基本人权原则在各国宪政上的具体表现常常有着很大的差异。

社会主义国家建立之后，同样在宪法中确认了基本人权。我国宪法明确规定了"国家尊重和保障人权"，并对公民的基本权利做了原则性规定。法律和制度的存在也要以保障人权为出发点和归宿，而不是为了其他目的。公共利益本位，是为了保障每一个公民的权利，是社会责任原则的要求。

人权的法定形态是公民的基本权利。平等权、政治权利、精神与文化活动的自由、人身自由与人格尊严、社会经济权利（包括财产权）、救济权利等，构成了我国宪法规定的公民基本权利体系。

二、行政合法性原则的含义

行政合法性原则是依法行政基本原则中最重要的一个原则，是指行政主体行使行政权必须依据法律、符合法律，不得与法律相抵触。行政合法性原则在行政法中具有不可替代的作用。可以说，在任何一个推行法治的国家，合法性原则都是其法律制度的重要原则，它要求行政机关实施行政管理时不仅应遵循宪法、法律，还要遵循行政法规、地方性法规、行政规章、自治条例和单行条例等。合法不仅指合乎实体法，也指合乎程序法。

（一）行政主体合法

行政合法性原则要求行政主体必须是依法设立的，并具备相应的资格。行政主体合法是依法行政的基础，也是依法行政必不可少的前提条件。

行政主体必须是法律授权或授权委托执法的组织及其工作人员，必须是法定行使行政职权的主体。只有行政机关、受委托的组织以及这些组织中的行政公务人员，才可构成行政主体。

行政主体必须是行使行政权的组织及其工作人员，并不是所有的组织或者个人都能成为行政主体。未经法律授权的组织或与行使行政职权无关的组织及其工作人员，不属于行政主体的范畴。行政机关（以及其他行政组织，下同）有其工作人员和完善的内部机构，在法律上具有独立的人格，属于合法行政主体。行政机关内部机构及其工作人员，在某种程度上虽然也具有一定的权力、义务和法律资格，但在对外行使行政职权时，个体行政主体不具有独立的法律人格，其必须以行政机关及其他行政组织的名义行使行政权力和义务。行政人员的个体行为构成行政机关的整体行为。不属于行政组织内人员的活动或法律授权行政组织内的人员实施行政职权以外的行为，不属于行政主体的行政行为，属于民事行为。

行政主体是行政机关或其他行政公务组织及其行政公务人员的共同综合体。行政主体可分为组织行政主体和个体行政主体。组织行政主体，即权力主体、责任主体；个体行政主体，即行为主体、义务主体。组织行政主体指使行政权或从事行政管理活动的组织，包括行政机关组织、行政机构被授权组织和受委托组织。个体行政主体指实际行使行政职权的工作人员，包括各类行政公务组织中的工作人员。个体行政主体从属于其所在的行政机关或组织，代表其所在的行政机关或组织从事行政活动，不能作为独立的主体而存在。

（二）行政权限合法

行政权限，是指行政权力的边界。行政权限合法，是指行政主体运用国家行政权力对社会生活进行调整的行为应当有法律依据，应当在法律赋予的行政职权的范围内进行。对行政权力进行限制的法律规定表现在很多方面：有时间和空间上的限制，有职能管辖范围的限制，有手段、方法上的限制，有权力运用程度（即范围幅度上）的限制，有目的、动机上的限制等。受此限制，行政主体一般不能超出自己的管辖范围去行使权力。例如，超出地域管辖范围的是越权行为，超出职能管辖范围的也是越权行为。在具体的行政活动中，如果行政主体在手段的选择、范围幅度的确定等方面超出法律规定的界限，均是越权行为，而越权行为则是无效的行为。权限的合法性就是要求行政主体在进行行政活动时有法律依据，并在法定的权限范围内实施行政行为。

（三）行政行为合法

行政行为合法，即行政行为必须依照法律规定的范围、手段、方式、程序进行，任何一个行政行为都必须以法律规定的事实要件为基础，而每一个事实要件必须以相应的事实作为佐证，每一个事实佐证必须经得起审查和行政管理相对人的反驳与质证。行政机关作出的具体行政行为必须以事实为依据，以法律为准绳。行政机关援引的规范性文件必须是合法有效的文件，不得与更高层次的规范性文件相抵触；行政机关行使职权必须具有法律的明确授权；行政行为的各个方面（如处罚的种类、幅度等）都要在法律所规定的范围之内，对行政管理相对人的认定和对事件性质的判断应符合法律所确定的要件等。

（四）行政程序合法

行政程序是指行政主体的行政行为在时间和空间上的表现形式，即行政行为所遵循的方式、步骤、顺序以及时限的总和。程序合法是实体合法、公正的保障。从法理上说，侵犯公民的程序性权利，同样是违法行为。程序的作用在于有效防范行政权力的专断和滥用，保障行政机关做出解决问题的最佳决定，提高公民接受行政决定的能力。然而，我们过去一直重实体、轻程序，只重视执法结果，忽视获得这种结果的合法性。在某些人看来，只要适用的实体法律正确，程序过程无关紧要。实际上，行政程序一旦成为法律规范，就与法律的实体规定一样，成为人们执法的准则。在实体合法的基础上重视程序，才能保证行政执法行为本身的公正、正义。行政程序法要求：第一，行政主体行为应当按照程序法律规定的方式、步骤、顺序、时限进行。第二，任何人都不能成为审理自己案件的法官，在实施行政权力的过程中，行政工作人员如果与行政行为有法律上的利害关系，应当回避；除法律有特别规定以外，行政主体在处理自己与行政相对人的行政纠纷时，应当按照司法最终解决原则来处理。第三，行政主体在处理问题、解决纠纷时应当给予当事人同等的申辩机会，不得偏听偏信，遵守不单方接触的规则。第四，行政主体在决定对当事人不利的事务时，应当履行事先告知的义务，并给予当事人陈述申辩的机会，进行公平的听证。第五，行政决定作出后，应当给予行政相对人寻求法律救济的机会。一般来说，严格的行政程序是防止行政随意、专横的有效手段。严重违反法定行政程序的行政决定是无效的。

三、行政合法性原则的内容

行政合法性原则中还包括许多具体的原则，这里重点介绍法律优位原则、法律保留原则和行政应急性原则。

（一）法律优位原则

法律优位原则也称法律优先原则，它的含义是在已有法律规定的情况下，任何其他法律规范，包括行政法规、地方性法规和规章，都不得与法律相抵触，凡有抵触，都以法律为准。法律优于任何其他法律规范。《行政处罚法》指出，在法律对行政处罚已有规定的情况下，法规、规章可使之具体化，但必须在法律关于行政处罚规定的行为、种类、幅度范围以内，不得抵触。在法律尚无规定，但其他法律规范作了规定时，一旦法律就此事项作出规定，法律优先，其他法律规范的规定都必须服从法律。

我国《宪法》规定，国务院根据宪法和法律，制定行政法规，国务院各部、各委员会根据法律、行政法规制定规章，省、自治区和直辖市人民政府和省、自治区人民政府所在地的市和国务院批准的较大的市的人民政府根据法律、行政法规和地方性法规制定规章。可见，宪法、法律对行政机关制定法律规范用的是"根据"原则。

我国《宪法》还规定，省、自治区和直辖市的人民代表大会及其常务委员会，在不同宪法、法律、行政法规相抵触的前提下，可以制定地方性法规，报全国人民代表大会常务委员会备案。设区的市的人民代表大会及其常务委员会，在不同宪法、法律、行政法规和本省、自治区地方性法规相抵触的前提下，可以依照法律规定制定地方性法规，报本省、自治区人民代表大会常务委员会批准后施行。可见，宪法和法律对地方权力机关制定法律规范用的是"不抵触"原则。

"不抵触"是指地方性法规的规定不得与已对此问题有规定的法律、行政法规相抵触。当然，如果法律、行政法规对此没有规定，地方性法规可以根据地方特点作出规定，因为在这种情况下不存在抵触问题。只有法律（行政法规和地方性法规）对某一问题已有规定的情况下，行政机关的规范才能据此作出规定，否则就是于法无据。对行政机关制定规范要求"根据"，是因为行政机关是权力机关的执行机关，必须根据权力机关的意志制定规范。这些具体化的行政法规和规章，当然不得与法律（地方性法规）相抵触。行政机关制定规范中的"不抵触"和地方权力机关制定地方性法规的"不抵触"，都说明法律优于其他法律规范，法律的效力高于其他法律规范。

由于我国法律的覆盖面还远远不够，而在实践中也迫切需要可供遵循的规范，还由于经验不足，因此，某些领域尚难以立即形成法律，这就需要在法律没有规定的情况下，先由行政机关制定一些规范。但这些规范的制定，必须由法律授权，尤其是涉及公民、法人或其他组织的人身权、财产权时，必须有法律授权,这就是"根据"原则的另一种表现。显然,这些规范都是在法律"空缺"的情况下制定的,一旦有法律填补空白,对同一问题作出规定时,行政法规、地方性法规和规章的有关规定就要自动让位于法律,以法律的规定为准,或修改,或废除。这也是法律优位原则的含义。

(二)法律保留原则

法律保留原则意味着凡属宪法、法律规定只能由法律规定的事项,或者必须在法律明确授权的情况下,行政机关才有权在其所制定的行政规范中作出规定。我国宪法和法律对必须由法律规定的事项已作出规定。

(三)行政应急性原则

行政应急性原则也称行政应变性原则,是指行政主体为保障重大公共利益和公民根本利益,维护经济与社会秩序,保障社会稳定协调发展,在面临重大突发事件等紧急情况时,可实施行政应急措施,其中包括有行政法律具体规定的行为,也包括没有行政法律具体规定的行为,甚至可暂停某些宪法权利和法律权利的行使、中断某些宪法和法律条款的实施,但行政紧急行为的行使必须符合现实性、专属性、程序性、适当性的要求,以防止行政权的滥用。

一般意义上的行政合法性,是就行政法规范符合客观情况而言的,也是就该行政法规范应适用于该客观情况的立法本意而言的。但是,立法者无法全面考虑到事后的每一种客观情况及其变化,并且,某些客观情况及其变化又具有相当的特殊性和偶然性,并不具有普遍性和经常性,在被发现后再制定或修改相应的行政法规范既不可能又无多大必要性。在这种情况下,原有的行政法规范已无法适用,如果对这种特殊情况继续适用原有的行政法规范,仍严格按原有的行政法规范实施行政行为,就不符合原有行政法规范的立法目的和立法本意,就有损公共利益,因而也就不是真正的行政合法。

真正的行政合法,要求行政决定真正符合公共利益。之所以要求行政决定符合行政法规范,是因为行政法规范体现了公共利益。因此,在特殊情况下,在行政法规范已无法适用时,就不能再要求行政主体按行政法规范实施行政决定,而应要求行政主体按公共利益原则直接表达其意志,这就是行政应变性原则。行政应变性原则是行政合法性原则的必要补充和重要组成部分,是行政合法性原则基于公共利益而表现出来的应有的灵活性，它并不是对法治的破坏，而是为了在特殊情况下真正地贯彻法治。

行政应变性赋予了行政主体较大的自主性。为了防止这种行政应变性发展成为行政专横而践踏法治，行政主体在运用行政应变性时必须符合下列要求：第一，应符合法定条件，即只有在法定情形出现时才能运用行政应变性。这就要求在立法上对可适用行政应变性的特殊情形作出相应的规定。第二，应符合公共利益，即行政决定必须以公共利益为依归，必须符合原有行政法规范的立法目的和立法本意。第三，应符合法定程序，即行政主体在运用行政应变性前，应得到有权机关的审批。事前来不及报批的，事后应接受有权机关的审查、追认。如果行政应变性不符合上述要求之一的，则属违法行为。

关于政府机关采取的危机管理行为对公民合法权益造成损害后如何予以救济，是一个值得深思的问题。因未能完善有关的监督与救济机制，给实际工作造成诸多困难。这是因为，紧急征用公民和社会组织的房屋、设施等财产应急使用时，应遵循何种程序、如何予以补偿、发生补偿争议时通过什么渠道和程序及时予以救济等财产权纠纷如果解决不好，必然影响到人民群众对政府应急措施的充分理解和积极配合，不利于维持良好的官民关系和政府形象。

表面看来，在面临重大突发事件等紧急情况下实施行政应急措施（其中包括一些没有具体法律依据甚至暂停某些宪法权利和法律权利的行为），似乎违背了法治主义的原则，但实际上这是政府为了国家、社会和全体公民的长远和根本利益而做出的理性选择，是符合实质法治主义要求的。危机管理举措，其最终目的是通过化解危机因素，恢复和维持公共权力与公民权利之间的良性互动关系，从根本上维护公民的人权和基本权利。因此，在实施依法治国方略、深入推进依法行政的新形势下，应当按照宪政和行政法治的要求加强公共应急法治建设，在政府实施公共危机管理的过程中，正确贯彻行政应急性原则，积极采取公共危机管理所需的各种行政应急措施；同时予以及时和充分的权利救济，更加稳健地维护我国经济社会发展和人权保障所需的法律秩序，更有效地保障人权和公民的基本权利；监督和保障公共权力特别是行政权力依法行使，使二者协调、持续地发展，这也是建设法治政府的要求。

第二节　行政合理性原则

一、行政合理性原则的含义和内容

行政合理性原则早在18世纪前就已存在了。在英国法中，早在16世纪就出现了涉及行政合理性原则的重要判决。18世纪出现了更多以合理性原则为基础的判决。例如，1773年的韦平铺路委员会案件中，法院强调，自由裁量权不应是专横的，必须受到合理和法律的限制。至20世纪初，合理性原则已发展到相当成熟的程度。在当代，英国著名行政法学者威廉·韦德认为："合理原则已成为近年赋予行政法生命力最积极和最著名的理论之一。"今天，该原则几乎出现在每星期所发布的判例中，在大量案件中得到了成功运用。它在实体方面对行政法的贡献与自然公正原则在程序方面的贡献相同。

（一）行政合理性原则的含义

行政合理性原则是否应该作为行政法的基本原则以及行政合理性原则的含义是什么，我国学者对此也经过了一番探讨争论。在20世纪80年代末90年代初，行政法治原则作为行政法的基本原则，为我国行政法学界所公认。它的两项基础性操作原则——合法性原则与合理性原则，都已写进了《行政诉讼法》。20世纪90年代以后，我国的行政法学者几乎都认为合理性原则是行政法治总原则下的一个基本性的具体操作原则，具有重要的意义。对于行政合理性原则的含义，学者们的理解并不一致。

一般认为，行政合理性原则是指行政行为的内容要客观、适度、合乎理性（公平正义的法律理性）。合理行政是指行政主体在合法的前提下，在行政活动中公正、客观、适度地处理行政事务。合理行政应该包括以下要点：

第一，行政的目的和动机合理。行政行为必须出自正当、合法的目的，必须坚持为人民服务、为公益服务，必须与法律追求的价值取向和国家行政管理的根本目的相一致。

第二，行政的内容和范围合理。行政权力的行使范围和行使的时间、地点、对象等均不是漫无边际、没有度和量的，而是被严格限定在法律的积极明示和消极默许的范围内，不能滥用和擅自扩大范围。

第三，行政的行为和方式合理。行政权特别是行政自由裁量权的行使应符合人之常情，包括符合事物的客观规律，符合日常生活常识，符合人们普遍遵守的准则，符合一般人的正常理智判断。

第四，行政的手段和措施合理。行政机关在行政管理过程中作出行政决定时，特别是作出与行政管理相对人的利益有直接关系的行政处罚决定时，面对多种可选择的行政手段和措施，应按照必要性、适当性和比例性的要求，进行合理的选择。

（二）行政合理性原则的内容

借鉴德国有关裁量原则理论，行政合理性原则的基本内容可被分解为三个方面，可被概括为行政行为的妥当性、必要性、比例性三个互相关联的具体原则。

妥当性原则，是指行政行为是否能够实际达到目的。它要求手段能够达到目的，如果手段根本无法达到目的，就是违反妥当性原则。例如，以轻微罚款达到整治噪声超标污染的目的，即为该"行政行为（措施）"失其"妥当性"。

必要性原则，是指行政行为只要足以达到法定目的即是合理且必要的。它要求手段的运用以达到法定目的为限，如果手段的运用超过实现法定目的所必需的度，就违反了行政必要性原则。比如，因偶然制造次品便勒令工厂关闭即属此例。

比例性原则，原指一项行政权力的行使，虽是达成行政目的所必要的，但是不可带给人民超过行政目的之价值的侵害。在这里，我们可以在狭义上理解比例性原则，即行政机关在依法行使权力时，如确有必要对人民利益构成一些不可避免的侵害，则必须权衡行政目的所实现的利益与被侵害的人民利益，只有在确认前者绝对大于后者之时，才能为之。

关于行政合理性原则的基本内容，西方国家有不同的观点。我国学术界对行政合理性原则的基本内容也有不同的见解，一般认为，行政合理性原则的基本内容包括以下几个方面：

1. 平等对待

平等对待是行政主体针对多个相对人实施行政决定时应遵循的规则。行政主体同时面对多个相对人时，必须一视同仁，不得歧视。行政主体先后面对多个相对人时，对相对人权利和义务的设定、变更或消灭，应当与以往同类相对人保持基本一致，除非法律已经改变。

2. 比例原则

行政法上的比例原则是指行政权虽然有法律上的依据，但必须选择使相对人的损害最小的行使方式。

比例原则与平等对待的目的都是实现行政决定的公正性和合理性，比例原则所要求的某些内容与平等原则所要求的某些内容也会发生重合。但是，它们又是有区别的。平等对待是通过对各相对人之间的比较来认识行政合理性的；比例原则则是通过对事，即相对人所具有的情节与所应得到的法律待遇之间的比较来认识行政合理性的。比例原则主要是对负担行政的要求，而平等对待原则的适用则不限于负担行政，还适用于给付行政。符合平等对待原则的行政决定不一定符合比例原则；坚持比例原则即使能够达到负担行政中的平等对待，也无法实现给付行政中的平等对待。因此，它们对行政有两种不同的要求，各自具有独立的价值。

3. 正常判断

判断一个行政决定是否合理，难以确立一个量化的标准。即使我们可以借助平等对待和比例原则来判断，也仍然存在是否"平等"、是否"必要"的问题。根据国内外的实践，只能以大多数人的判断为合理判断，即舍去高智商者和低智商者的判断，取两者的中间值即一般人的判断为合理判断。当然，一个判断是不是大多数人的判断，也往往取决于法官的判断。

4. 没有偏私

没有偏私是指行政决定不仅应在内容上没有偏私，而且在形式上也不能让人们有理由怀疑为可能存在偏私。这一规则要求行政主体在实施行政决定时不受外部压力的干扰，对所处理的事件没有成见，在作出决定前未私自与一方当事人单独接触过等。

这里说的外部压力是多种多样的。它既包括来自国家组织内部的压力、政治派别的压力，也包括来自社会舆论的压力和相对人的压力；既包括暴力威胁，也包括非暴力威胁；可能是公开的压力，也可能是非公开的和潜在的压力。

事先不单独接触规则，主要要求公务员事先不得单独、私自与相对人中的某一方接触。这里的"事先"是指法律事实发生以后，行政决定做出以前，而不是指法律事实发生以前。同时，对"单独"和"私自"的判断，往往需要借助具体的时间、场所和人员等各因素。

行政自由裁量权的存在是合理行政存在的理由。在我国，行政自由裁量权是指行政主体在法律规定的范围内根据具体的事实和依据，选择自己认为最为适当的方式、范围、幅度、种类去处理行政事务的权力。而合理行政就是对行政主体的这种选择权的限制。在英国，行政合理性原则就是针对自由裁量权而设的，是判断自由裁量权是否合理或是否被滥用的标准。根据英国的经验，我们可以得到判断自由裁量权是否被滥用的标准：是否符合正常判断，是否存在偏私，是否具有不合理动机，是否具有不相关考虑，是否符合法定目的。

二、行政合理性原则与行政合法性原则的关系

行政合理性原则与行政合法性原则都属于行政法治原则的范畴，两者之间有着密切的联系，但两者也属于两个不同的原则，有着较大的区别。能否准确把握两者的关系，对于依法行政有着很大的影响。

（一）合法性原则和合理性原则是统一的整体，不可偏废一方

行政合法性原则主要是成文法上演化的原则，而行政合理性原则主要是适用法律上演化的原则。虽然两者的起源不同，但共同构成了行政法治原则，这是两者在法律上的共同点。合法性原则是全方位适用的原则，而合理性原则主要适用于自由裁量领域，合理性原则实际上是合法性原则的延伸，是合法性原则在自由裁量问题上的进一步要求。这又表明了两者在法律上的关系，合法性原则讲的是要符合成文法，合理性原则强调的是符合法理。因此，从合理性原则作为一个法律原则的角度来看，其本身就属于合法性原则的范畴。它们是一个有机统一的整体，必须同时把握这两个原则，才能更有效地行政。

（二）合法性原则与合理性原则在行政中应保持一致

合法性与合理性都是法的原则。从行政上讲，不讲合法性不行，但没有行政的合理性，就无法推进行政合法性向前发展。法律应当建立在公允合理的基础上，政府行政也应坚持合情合理，对一些不合时宜、不尽合理的行政法律应及时修订完善。应当说，不适宜、不合理的行政行为是行政不当行为，特别是不符合传统公德、违背公民意志的行为，应是无效的。这就要求行政中一些合法性的问题必须与合理性的问题相一致。有时维护公众利益的必要性会超过合法性，这时的行政行为应当是有效的。

（三）合理性原则必须讲求"合理"的度，与合法性原则相协调

行政合理性原则必须对"合理"的程度进行限定。具体表现在，合理性原则应对自由裁量权加以监督和限制。自由裁量权属于一种行政权力，具有对行政管理相对人强制支配的权力，存在着职权滥用的条件。自由裁量权如果不被限制在一定的范围、程度、幅度之内运用，可能会变成任意裁量权。目前，我国法律、法规对行政权力尤其是自由裁量权的限制较少，自由裁量权广泛存在着。因此，应尽快针对这方面制定标准和准则，否则就不能达到行政法治的目的。

第三节 依法行政及其实施

一、依法行政与依法治国的关系

（一）依法行政的含义

依法行政是指国家各级行政机关及其工作人员依据宪法和法律赋予的职

责权限，在法律规定的职权范围内，对国家的政治、经济、文化、教育、科技等领域的各项社会事务，依法进行有效管理的活动。它要求一切国家行政机关及其工作人员都必须严格按照法律的规定，在法定职权范围内，充分行使管理国家和社会事务的行政职能，做到既不失职，又不越权，更不能侵犯公民的合法权益。依法行政的范围，包括行政立法、行政执法、行政司法，都要依法进行。由于行政执法是国家行政机关及其工作人员行使国家公共权力，按照法律、法规赋予的职权，对行政管理相对人采取直接影响其权利和义务的行为，或者对行政管理相对人的权利和义务的行使和履行情况直接进行监督检查并作出处理结果的行为，最容易侵犯公民、法人或其他组织的合法权益，因此，依法行政的核心是规范政府的行政权。

就现代法治要求而言，一方面，各级政府机关要以法律为武器管理国家事务，要求公民、法人或其他组织依据法律行使权利，履行义务，对不正当行使权利和不适当履行义务的公民、法人或其他组织追究法律责任；另一方面，管理者也必须依法管理，在行使管理权力时，必须以法律为准绳，必须在法律授予的职权范围内行使职权，必须依据法律规定的要求和程序管理国家事务。法律要约束被管理的公民、法人或其他组织，同时也要约束管理者。其中，管理者依法办事是矛盾的主要方面。管理者根据法律规定进行管理，实际上也就是要求被管理者严格依法行使权利，履行义务。只有各级政府及其工作人员依法行政，公民才可能会严格遵守法律。没有对管理者的要求，就无法对被管理者提出要求。因此，行政必须被纳入法治的轨道。严格依法行政，这是各级政府机关行政时必须遵循的原则。

（二）依法行政与依法治国的关系

依法治国，就是广大人民群众在党的领导下，依照宪法和法律规定，通过各种途径和形式管理国家事务，管理经济文化事业，管理社会事务，保证国家各项工作都依法进行，逐步实现社会主义民主的制度化、法律化，使这种制度和法律不因个人意志而改变。依法行政和依法治国的关系是密不可分的。依法治国由依法立法、依法行政、依法司法和依法监督等内容组成。在这些内容中，依法行政是依法治国的核心和关键。因为一个国家的整个管理活动，主要是靠各级人民政府进行的。如果各级行政机关都能依法行使职权，依法进行管理，那么，依法治国就有了基本保证。坚持依法治国方略，又为依法行政创造了大环境和前提条件。如果没有依法治国方略，就根本谈不上依法行政。但没有依法行政，依法治国就会落空。因此，依法行政是实现依法治国的根本保证，也是依法治国的核心和关键。

二、全面推进依法行政的意义和目标

（一）全面推进依法行政的重要性和紧迫性

党的十一届三中全会以来，我国社会主义民主与法制建设取得了显著成就。不过与完善社会主义市场经济体制、建设社会主义政治文明，以及依法治国的客观要求相比，依法行政还存在很多不足，主要体现在以下五个方面：第一，行政管理体制与发展社会主义市场经济的要求还不适应，依法行政面临诸多体制性障碍；第二，制度建设不能完全反映客观规律，难以全面、有效地解决实际问题；行政决策程序和机制还不够完善；第三，有法不依、执法不严、违法不究的现象时有发生，人民群众的反应比较强烈；第四，对行政行为的监督制约机制不够健全，一些违法或者不当的行政行为不能被及时、有效地制止或者纠正，行政管理相对人的合法权益受到损害后得不到及时救济；第五，一些行政机关的工作人员依法行政的观念还比较淡薄，依法行政的能力和水平有待进一步提高。这些问题在一定程度上损害了人民群众的利益和政府的形象，妨碍了经济社会的全面发展。要解决这些问题，适应全面建成小康社会的新形势和依法治国的进程，必须全面推进依法行政，建设法治政府。

（二）全面推进依法行政的指导思想和目标

全面推进依法行政，必须以马克思列宁主义、毛泽东思想、邓小平理论、"三个代表"重要思想、科学发展观和习近平新时代中国特色社会主义思想为指导，坚持党的领导，坚持执政为民，忠实履行宪法和法律赋予的职责，保护公民、法人和其他组织的合法权益，提高行政管理效能，降低管理成本，创新管理方式，增强管理透明度，推进社会主义物质文明、政治文明和精神文明协调发展，全面建成小康社会。

目前，政企分开、政事分开，政府与市场、政府与社会的关系被基本理顺，政府的经济调节、市场监管、社会管理和公共服务职能基本到位；中央政府和地方政府之间，政府各部门之间的职能和权限比较明确；行为规范、运转协调、公正透明、廉洁高效的行政管理体制基本形成；权责明确、行为规范、监督有效、保障有力的行政执法体制基本建立；提出法律议案、地方性法规草案，制定行政法规、规章、规范性文件等制度建设符合宪法和法律规定的权限和程序，充分反映客观规律和最广大人民的根本利益，为社会主义物质文明、政治文明和精神文明协调发展提供制度保障。

行政机关的工作人员特别是各级领导干部依法行政的观念明显提高，尊重法律、崇尚法律、遵守法律的氛围基本形成；依法行政的能力明显增强，善于运用法律手段管理经济、文化和社会事务，能够依法妥善处理各种社会矛盾。

三、依法行政的基本原则和基本要求

（一）依法行政的基本原则

依法行政必须坚持党的领导、人民当家作主和依法治国三者的有机统一；必须把维护最广大人民的根本利益作为政府工作的出发点；必须维护宪法权威，确保法制统一和政令畅通；必须把发展作为党执政兴国的第一要务，坚持以人为本和全面、协调、可持续的发展观，促进经济社会和人的全面发展；必须把依法治国和以德治国有机结合起来，大力推进社会主义政治文明、精神文明建设；必须把推进依法行政与深化行政管理体制改革、转变政府职能有机结合起来，坚持开拓创新与循序渐进的统一，既要体现改革和创新的精神，又要有计划、有步骤地分类推进；必须把坚持依法行政与提高行政效率统一起来，做到既严格依法办事，又积极履行职责。

（二）依法行政的基本要求

第一，合法行政。行政机关实施行政管理，应当依照法律、法规、规章的规定进行；没有法律、法规、规章的规定，行政机关不得作出影响公民、法人和其他组织合法权益或者增加公民、法人和其他组织义务的决定。

第二，合理行政。行政机关实施行政管理，应当遵循公平、公正的原则。要平等对待行政管理相对人，不偏私、不歧视。行使自由裁量权时应当符合法律目的，排除不相关因素的干扰；所采取的措施和手段应当必要、适当；行政机关实施行政管理可以采用多种方式实现行政目的，但应当避免采用损害当事人权益的方式。

第三，程序正当。行政机关实施行政管理，除涉及国家秘密和依法受到保护的商业秘密、个人隐私外，应当公开；注意听取公民、法人和其他组织的意见；要严格遵循法定程序，依法保障行政管理相对人和利害关系人的知情权、参与权和救济权；行政机关的工作人员履行职责与行政管理相对人存在利害关系时，应当回避。

第四，高效便民。行政机关实施行政管理，应当遵守法定时限，积极履行法定职责，提高办事效率，提供优质服务，方便公民、法人和其他组织。

第五，诚实守信。行政机关公布的信息应当全面、准确、真实。非因法定事由并经法定程序，行政机关不得撤销、变更已经生效的行政决定；因国家利益、公共利益或者其他法定事由需要撤回或者变更行政决定的，应当依照法定权限和程序进行，并对行政管理相对人因此而受到的财产损失依法予以补偿。

第六，权责统一。行政机关依法履行经济、社会和文化事务管理职责，要由法律、法规赋予其相应的执法手段。行政机关违法或不当行使职权时，应当依法承担法律责任，实现权力和责任的统一。

第三章 行政法律关系

第一节 行政法律关系的含义和种类

一、行政法律关系的含义

法律关系是法律在调整人们行为的过程中所形成的权利和义务关系，它是人们相互之间结成的各种社会关系中的一种特殊的社会关系。不同的法律调整不同的社会关系，而当社会关系受不同的法律调整时即形成不同的法律关系。行政法律关系是指行政主体在行使行政职权或接受法律监督的过程中所形成的由行政法律规范所调整的权利、义务关系。行政法律关系不同于行政关系，行政关系一般是行政法律关系产生的前提和基础，而行政法律关系则是行政关系被法律规范调整的结果。

（一）行政关系与行政法律关系的内涵统一问题

法律对社会关系加以调整后使之形成法律关系，即法律关系是社会关系法律化的结果。行政法只调整某一类特定的社会关系，对此，我们必须回答两个十分重要的问题：一是行政法所调整的这一类特定的社会关系是什么？又被称为什么？二是行政法对这类特定的社会关系予以调整后所形成的该类特定的法律关系又应当被称为什么？这种在行政法学界看来十分简单的问题，其实还处于一种混乱状态。学者们有时在不同意义上理解或使用一些法学理论化的术语，导致对话上的错位。

对于行政法所调整的某类特定的社会关系，行政法学界有一个基本共同的认识，即都认为它是行政主体（包括国家行政机关、法律法规授权的组织、行政机关委托行使行政权的组织等）在实现国家行政职能的过程中形成的各种社会关系。该类社会关系的特定性在于：它与行政主体及其行政职能、行政活动是有密切关联的，并以行政主体为关系的一方。这类特定的社会关系也是行政法的调整对象区别于其他法律部门（如刑法、民法等）的调整对象的本质差别所在。但是，对由行政法调整的这类特定的社会关系，学者们所理解和概括的范围并不完全相同，对这类特定社会关系定义的术语也有不同，由此形成了一些术语混乱的现象，以及对由行政而产生的法律关系的不同理解。

第一，有的学者将这类特定的社会关系概括为三大类，即行政权力的创设、行使，以及在对其进行监督的过程中发生的各种社会关系，并将这些社会关系称为"行政关系"。行政法对这类行政关系予以调整而形成的就是行政法律关系，这可以说是对行政关系（行政法的调整对象）、行政法律关系（行政法调整行政关系后形成的结果）最广义的理解。因为它涉及了与行政主体实现行政职能有关的三个过程：在行政权力的创设过程中，将形成分配行政权力时的行政主体与国家权力机关之间、行政主体相互之间的关系；在行政权力的行使过程中，将形成运用行政权力时的行政主体与行政相对人各方之间的关系；在行政权力受监督的过程中，将形成行政主体与各种监督主体之间的关系。在这里，行政关系和行政法律关系这两个术语都具有最大的涵盖量。

第二，有的学者将这类特定的社会关系概括为两大类，既包括行政管理关系，也包括行政法制监督关系，亦将其并称为"行政关系"。行政法对这种"行政关系"加以调整后所形成的也就是行政法律关系。这种对行政关系和行政法律关系的理解略窄于第一种，因为它并未涉及由行政权力创设而形成的关系。

第三，有的学者虽然将这类特定的社会关系概括为两大类，称之为"行政关系和监督行政关系"，但对其中的行政关系进行了很窄范围的限定，即只相当于上述第二种理解中的"行政管理关系"，而不包括第二种理解中的"监督关系",而且强调行政法律关系仅指由行政法规范调整,受国家强制力保障的行政关系,即行政法律关系只是行政法对这种狭义的"行政关系"调整的结果。至于监督行政关系,虽然它也是行政法调整的对象,但调整后所形成的法律关系不称之为"行政法律关系",而称之为"监督行政法律关系"。

由于学者们对"行政法所调整的特定的社会关系是什么"这一问题的理解不一致,在使用的术语上也不尽相同,进而对行政法将这类特定的社会关系予以调整后所形成的特定法律关系的表述也不同。按照上述第一、二种理解,将由行政法所调整的各种社会关系所形成的法律关系统称为"行政法律关系",不考虑这种行政法律关系还包括何种具体内容。第一、二种理解的差别只是在行政法律关系之内,是具体内容多少的不同。按第三种理解,将由行政法所调整的社会关系所形成的法律关系分为两种,一种被称为"行政法律关系",另一种被称为"监督行政法律关系"。行政法律关系只是行政法调整部分社会关系后所形成的部分法律关系。上述不同理解,将使我们在讨论该问题时不能在同一个意义上使用"行政法律关系"一词,因此,笔者需要先做出一种整理定位,以求得基本的一致性。

行政法调整的社会关系虽有其共同性(必有行政主体参与人,与行政主体的行政职能有关),但却是极为丰富、复杂的。这表现为以下几点:

第一,在这些关系中,与行政主体相对应的另一方种类繁多,身份各异,有各类国家机关(权力机关、检察机关、审判机关和行政机关自身),有各类组织(政党、社会团体和群众组织),有各种法人(企业法人、事业单位法人),有各种自然人(中国公民、外国人和无国籍人),等等。在不同情形下,与行政主体相对应的另一方,有的是决定者,如国家权力机关;有的是监督者,如国家审判机关;有的是受服务者,如受救济的公民;有的是合作者,如与行政主体签订行政合同的法人;有的是受管理者,如受行政处罚的公民;等等。

第二,在这些关系中,行政主体的地位在不同的情况下有不同的变化,差异很大。它有时是执行者(如另一方是权力机关和上级行政机关时),有时是受监督者,有时是管理者,有时是服务者,等等。将这些复杂而又有不同特性的社会关系统称为"行政关系"虽并无不可,但此时的行政关系的内涵就不可以仅被理解为"行政活动中的管理与被管理"这一社会关系,而应统一为"与行政主体的行政活动有关联的各种社会关系"。而且,为了避免将这种意义的行政关系与管理和被管理关系混淆，我们还需要在行政关系之内，再根据不同的关系内容和主体身份，将行政关系进一步细分为行政权分配关系、行政管理关系、行政服务关系、行政合作关系、对行政的监督关系等。行政法对上述社会关系予以调整后所形成的法律关系，可以统一称之为"行政法律关系"。原因有两点：

其一，行政法律关系一词在与宪法关系、民事法律关系、刑事法律关系、诉讼法律关系等并列使用时，应当是同一等级的，是一个反映部门法特性的整体概念，即它是一个部门法概念，属于经行政法调整的那一类特定社会关系的总和，以从总体上区别于民事法律关系、刑事法律关系等其他法律关系，这已为法学界所熟悉和习惯。例如，法学界在论述法律关系的最基本分类时，就首先将行政法律关系、民事法律关系、刑事法律关系等作为法律关系的并行下位概念进行具有部门法意义的划分。由此可见，这里的"行政法律关系"中的"行政"二字，并不特指行政管理活动或监督行政的活动，而是与民事、刑事相对应，指称"行政法"这一部门法。

其二，行政法律关系一词在我国行政法学界中，原初也是在部门法意义上使用的。行政法律关系因此也就只有一种单一的意义，即经法律调整的行政管理与被管理的关系，行政法律关系与法定的行政管理关系实质上成了等同的概念。随着行政法理论的发展和行政法律制度的完备，行政法已不再只是实施行政管理的法，行政法律关系在部门法意义上的使用也不仅是"行政管理的法律关系"，它已有了更丰富的内容。因此，笔者认为，为了统一起见，也为了照顾法学界（特别是除行政法学界之外的其他部门法学界）约定俗成的习惯，我们仍在部门法意义上使用行政法律关系一词，但它已随着行政法内容、作用的变化而有所变化，不再仅指单一的、法律化了的行政管理关系。作为一个部门法概念，它与民事法律关系、刑事法律关系等对应，指经行政法调整后的那一类社会关系的集合体或总称。至于在行政法律关系中再依据一定标准所划分的更细的种类，则是部门法之内的划分，或者说是行政法律关系的下一个等级的具体划分。例如，行政法律关系可再分为行政权分配法律关系、行政管理法律关系、行政服务法律关系、行政合作法律关系、监督行政法律关系等。

行政法律关系是指行政法规范对行政主体在实现国家行政职能范围内的各种社会关系加以调整而形成的行政主体之间以及行政主体与其他方之间的

权利义务关系。这一概念表述主要说明以下层面的问题：

第一，行政法律关系是行政法规范对一定社会关系调整后所形成的一类特定法律关系的总称。行政法对这些社会关系的调整方式主要有认可和设定两种。认可是对社会生活中已自然形成的一些社会关系以立法的形式加以确认，使其法律化，或者说以法的强制力使其固定化，该类社会关系的形成早于行政法律关系的形成；设定是对应当发生、期待发生的社会关系以立法的形式事先做出明确的设定，该类社会关系与相应的行政法律关系是同时形成的。

第二，这些社会关系是行政主体在实现国家行政职能范围内发生的各种社会关系，其他范围中的社会关系不在此列，也不由行政法规范调整。同时，对实现行政职能的范围应做广义的理解，它不仅指行政主体为实现行政职能而进行行政活动的范围，还应当包括为实现行政职能而需要的配置行政职权和行政职责活动的范围、为实现行政职能而进行行政活动的范围，以及为保证有效地实现行政职能而对行政主体实行必要的监督活动的范围等。

行政法调整的社会关系形成于行政主体实现国家行政职能活动的整个过程，有极为丰富的种类，需要我们加以认识，特别是我国经济体制和行政体制改革后所形成的或期待出现的一定范围、富有活力的新型社会关系更需要我们及时总结，因为它们都是行政法律关系的原初形态，只有对这些社会关系有全面的掌握，我们对行政法律关系的认识才会更全面、更准确。行政法律关系是在不断变化、创新和发展的，这包括两种主要情况：其一，法律对发展、变化着的社会关系的及时调整、及时确认。这要求我们以敏锐的眼光及时发现和认识这些社会关系。同时，法律对社会关系的确认又是一个科学加工的过程，它应对原始社会关系加以选择、整理和加工，去粗取精，使其典型化、规范化，具有普遍的适用性，而不是对原始社会关系的简单记录，这就要求我们研究如何将社会关系上升为法律关系。其二，法律根据现有社会关系（或者应当形成的社会关系的萌芽），对其应然的发展结果或状况做出合理的模式设计，这是一种更为理性化的预设，源于科学的根据、逻辑伸展方向或对他国法制理论或实践模式的借鉴，这更需要我们研究社会关系形成的规律和对法律关系设计的方法。因此，我们在研究当代中国行政法律关系的过程中，必须认真探讨改革所形成的或应当形成的新型社会关系，以便将体现社会主义本质、有利于解放生产力和发展生产力的新型社会关系及时用法律的形式予以确认或预设；必须认真探讨行政法规范将一定范围内的社会关系上升为行政法律关系这种质的转换过程，探讨行政法对具体行政法律关系模式的设定问题。

第三，行政法律关系的主体双方可以都是行政主体，也可以是以行政主体为一方，而以其他各种当事人为另一方，双方形成行政法所确定的权利与义务的联系。需要说明的是，这里的"权利与义务"不是一般意义上的权利与义务，也不是宪法意义上或民法意义上的权利与义务，而是特指行政法意义上的权利与义务，即它们是由行政法所规定的权利与义务。

（二）行政法上的权利与义务和权力与义务的内涵统一问题

在行政法学上，人们对行政主体与行政相对人之间的行政法律关系有时表述为权利与义务关系，有时也表述为权力与义务关系，似乎两对概念可以通用。其实，这两对概念是有区别的。这就有一个内涵及使用的统一问题。

从普遍意义上讲，法律关系可以泛称为权利与义务关系。这是因为，从表达习惯上来说，权利可以是广义的，它包含权力，所以，有学者认为权力也是一种权利。同时，法律关系着重强调主体之间法定权利与义务的关联及相互回应，而不强调权利与义务本身的属性。就这一点而言，无论是权利与义务的关系，还是权力与义务的关系，都是为了重点表明权利（或权力）与义务的关联性和回应性，因此，在此以权利包含权力，不加以细致区分也可以。但是，这并不等于说在行政法上权利就是权力，也不等于说行政法上的权利与义务就是权力与义务。在行政法上，权利与义务和权力与义务有时要区分使用。

第一，行政法律关系的主体是多样化的，法律身份、法律地位各有不同，这一点与主体法律身份和地位完全一致的民事法律关系有区别。因此，当行政法律关系的不同主体形成关系时，为了明确相互地位和突出行政法律关系的特定类型，有时应当区分权利与义务关系和权力与义务关系。

第二，行政法律关系不同的主体各自拥有或享有的是国家权力和自身的个体权利，而这种权力和权利是有重大区别的。有关权力和权利的界定，学者们从政治学、法学、社会学等角度有无数类似或不同的界定。但无论如何，国家权力与个体权利至少有两点重要差别：其一，国家权力是国家（由一定的国家机构代表）对一国范围内作为个体的公民和组织的统治力，是上对下的支配、控制；而个体权利是个体对自身应得利益的主张，是下对上，或对同等地位者的主张。其二，国家权力是单方面的、强迫命令性的，并且权力拥有者能直接强制对方服从；权利则是偏重请求、互应性的，权利享有者通常已履行了相对应的义务，而且也不能直接强制对方服从，只能请求借助国家权力来强制。这正如有学者指出的那样，权力和权利对义务都具有强制性，但权力对义务的强制是实际的强制，而权利对义务的强制主要是请求的强制。基于这种差别，在表达特定语境时，有时在表达行政法律关系的特定语境中不能不将权利与义务和权力与义务区分开来。

第三，行政法律关系中的不同主体各自拥有的权力或权利是固定的、有界限的，有时不能混同言之。在行政法律关系中，有的主体只具有国家权力而不涉及自身权利，如拥有国家监督权力的权力机关、司法机关；有的主体只具有自身权利而不具有国家权力，如行政相对人；有的主体既具有国家权力又具有自身权利，如作为行政管理主体并拥有国家行政权力的行政机关和作为受监督者并享有申辩权利的行政机关。

二、行政法律关系的种类

行政法律关系可以从不同的角度进行分类，现介绍以下三种主要的分类：

（一）内部行政法律关系与外部行政法律关系

内部行政法律关系是指在上下级行政机关之间、行政机关内部组成之间，以及行政机关与其公务员之间发生的为行政法所调整的关系；外部行政法律关系是指在行政主体与公民、法人或其他组织之间所发生的为行政法所调整的关系。

（二）行政实体法律关系与行政程序法律关系

行政实体法律关系是指依据行政实体法的规定所发生的行政关系，在行政实体法律关系中，双方的权利与义务具有不对等性，这种不对等性集中体现为行政主体享有管理权；行政程序法律关系是指依据行政程序法的规定所发生的行政关系，在行政程序法律关系中，现代行政法侧重对相对人权利的保护。

（三）行政管理法律关系与监督行政法律关系

行政管理法律关系是指行政主体行使行政管理权时所发生的法律关系；

监督行政法律关系是指法定的国家监督机关在运用监督权监督行政权的过程中，与行政主体之间所形成的受行政法规范调整的法律关系。

第二节 行政法律关系的特征

行政法律关系作为法律关系的一种，具有其他法律关系所共有的普遍特征，但这里所讲的行政法律关系的特征特指行政法律关系所独具的、区别于其他法律关系（特别是民事法律关系）的一些典型特征。行政法律关系的特征主要表现在以下三个方面：

一、行政法律关系主体的多样性与恒定性

这是行政法律关系主体方面的特征。主体的多样性并非指主体外部形态的多样化，如各类国家机关、各种组织、企业事业单位、公民等，因为民事法律关系的主体在外部形态上也是如此。主体的多样性是指主体在法律身份和性质上的多样性。在行政法律关系中，行政主体本身就兼具多种法律身份和性质，包括执行主体（执行权力机关的法律、地方性法规、决议、决定），行政立法主体（制定行政法规、行政规章），管理主体（以各种管理方式管理各种行政相对人），服务主体（服务于各种行政相对人），行政司法主体（裁决有关当事人之间的纠纷），受监督主体（接受各种监督主体的监督），赔偿主体（赔偿受害人的损失），等等。同一主体兼具如此之多的法律身份和性质是其他法律关系中所没有的。同时，与行政主体相对应的另一方主体在法律身份和性质上也是多种多样的，有被管理者、受服务者、监督者等。

主体的恒定性是指在行政法律关系的各种类型双方当事人之中，必有一方是行政主体。这自然也是其他法律关系所不具有的。行政法律关系主体的多样性和恒定性特征均来自行政主体参与的活动的性质，它是实现国家行政职能的

活动。主体的多样性表明这种实现行政职能的活动是复杂的，涉及为保障实现行政职能而配置行政职权职责的活动，涉及实现行政职能本身的各类活动以及各种领域，涉及对有效实现行政职能的监督活动，在这些活动中要产生与此相关的社会关系，形成多种多样的主体。主体的恒定性表明实现行政职能的全部活动，都不能缺少国家行政机关等承担着行政职能的行政主体；没有这类主体，上述各种活动就会改变其性质。

二、行政法律关系类型的丰富性与专业性

这是行政法律关系在类型上的特征。从行政法律关系主体的多样性可以看出，行政法律关系是极为丰富的。行政法调整行政权设定、行使和监督的一系列过程中所形成的各种社会关系，决定了行政法律关系的丰富性。

行政主体行使行政权力的行政活动是一个庞大的系统工程，涉及社会生活的各个方面。从方法、手段的丰富性讲，有创制型（行政立法），奖励型（行政奖励），强迫型（行政命令、行政处罚、行政强制），引导型（行政指导），合作型（行政委托、行政合同），服务型（行政救助、行政保护），裁判型（行政司法）等；从涉及行业的多样性讲，行政活动涉及国防、外交、财政、金融、税收、工商、公安、资源、科技、环境、文化、教育、卫生、体育等各领域，且各行业的行政活动都有很强的专业性。在这些活动中形成的行政法律关系自然是丰富的、具有专门业务性的。

行政法律关系的这一特征，使得行政法律关系双方发生的纠纷有着较特别的解决方式。为了能简便、及时地解决其中形成的纠纷，有必要发挥各行业主管行政机关的力量，特别是发挥它们熟悉自身专业这一优势来解决问题。因此，许多国家的法律规定，这类行政纠纷可先通过行政机关或专门的行政裁判机构按行政程序（或称"准司法程序"）来解决，最后再由司法机关按普通司法程序解决。对于这种解决行政法律关系纠纷的方式，行政法学界一直将其称为"行政法律关系的特征"之一，其实这是不确切的。原因有两点：第一，解决行政法律关系纠纷的方法，并不是行政法律关系本身，解决方法的特殊性不能等同于行政法律关系本身内部的特征。第二，解决行政法律关系纠纷方法的特殊性只是由行政法律关系的特征所引起的，正是因有后者才决定了有前者。

如果将解决行政法律关系纠纷的专门方式当作行政法律关系本身的特征,则只表述了结果而未揭示原因,只看到了现象而未把握本质。

三、行政法律关系主体权利和义务的对应性与不对等性

这是行政法律关系在内容方面的特征,也是行政法律关系与民事法律关系相比所具有的一个显著特征。

第一,行政法律关系主体权利和义务的对应性,是指主体双方相互行使权利并履行义务,不允许存在一方只行使权利而另一方只履行义务的情况。这里应当说明的是,我们不能将这种权利和义务的对应看作权利与义务的对等。权利和义务的对应要求主体相互之间既行使权利,又履行义务;反之亦然。权利和义务的对等则进一步要求主体双方相互的权利和义务是等量或基本等量的。我国有民法学者在比较民事法律关系的对等性与行政法律关系的不对等性时,就将权利和义务的对应等同于权利和义务的对等。他们认为,民事法律关系中的权利和义务一般是对等的。通常情况下,一方取得权利必须以承担相应的义务为前提,不允许只享受权利而不承担义务,或只承担义务而不享受权利,否则,即违反了民事法律关系主体地位平等的要求,并以此来区别于行政法律关系。言下之意是,行政法律关系的不对等就是在行政法律关系的主体双方中,有一方只享有权利不履行义务,而另一方则只履行义务不享有权利。其实这种"不对等"在行政法律关系中是没有的。在行政法律关系中,主体各方都是既行使权力又履行义务的,绝不存在只享有权利的一方或只履行义务的一方。例如,行政主体一方面对行政相对人行使行政处罚的权力,同时又要履行说明理由、允许申辩以及接受监督的义务。从更大的范围看,行政主体一方面对行政相对人行使征税的权力,另一方面又要对行政相对人履行保护、救助的义务。如果不将权利和义务的对应与权利义务的对等加以区分,就难以对民事法律关系中权利和义务的对等性与行政法律关系中权利和义务的不对等性做清楚的比较说明。

第二,行政法律关系的不对等性,是指主体双方虽既享有权利又履行义务,但各自权利和义务的质量却不对等。从质的方面讲,双方各自权利和义务的性质完全不同;从量的方面讲,双方各自权利和义务的数量也不能相等。权利和义务性质不同也无法等量衡量,更不是一种等价交换,这是行政法律关系与民

事法律关系的重大差别。在民事法律关系中，各方民事主体的权利和义务在性质上是一样的，如人身权、财产权等。作为公民（或法人）双方，一方所具有的各种权利和义务，另一方同样也具有。这是因为民事主体双方在法律身份和性质上属于同一类型，有相等的量。而在行政法律关系中，各方主体的权利和义务在性质上完全不同。例如，当行政主体与作为行政相对人的公民之间形成行政法律关系时，行政主体行使的是国家行政职权，履行的是行政职责，而它的行政相对人行使和履行的却是公民、法人或者其他组织的基本权利和义务，两类权利和义务具有根本不同的性质，也没有相等的量。而且一方所具有的权利和义务是另一方不可能具有的。例如，行政主体有管理行政相对人的权力，权力机关有监督行政主体的权力。反之，行政相对人则没有管理行政主体的权力，行政主体则没有监督权力机关的权力。由于行政法律关系双方的权利和义务有不同的属性，因而，在行政法律关系的保障上有一个较特别的现象：为维持行政法律关系的正常运行，行政主体一方对公民等行政相对人有强迫性，而公民等行政相对人一方对此只能请求与控告，这是国家行政权对公民等行政相对人一方个体权利的制约性；国家权力机关如审判机关对行政主体有强迫性，而行政主体对此则只能申诉，这是国家特定监督权对行政权的制约性。正因为如此，在行政法律关系中，作为行政主体的行政机关一方可以强制处罚作为行政相对人的公民、法人或者其他组织一方，而公民、法人或者其他组织一方则不能强制处罚行政机关；同样，公民、法人或者其他组织一方可以对行政机关一方提起行政复议或行政诉讼，而行政机关一方则不能对公民、法人或者其他组织一方提起行政复议或行政诉讼。这与民事法律关系中任何一方都不能对相对一方予以强制或处罚，任何一方对相对一方又都能提起民事诉讼是完全不同的。同时，行政法律关系双方的权利和义务不仅在量上不相等，而且也不是一种等价有偿的交换关系。行政法律关系所反映的主要是国家行政权设置、运行、监督的活动，以建立一定的国家管理秩序为目的，以服务于人民为目的，以督促行政主体公平、公正地运用行政权为目的，其所形成的管理关系、服务关系、监督关系在义务上相互都不是等价有偿的。而民事法律关系所反映的主要是商品经济活动，商品的等价交换是其主要内容和目的，双方权利和义务的对应是等量或基本等量的。

第三节 行政法律关系的构成

一、行政法律关系的主体

（一）行政法律关系主体的内涵

行政法律关系主体，又称行政法主体，是指在具体的行政法律关系中享受权利（职权）、承担义务的当事人。行政法律关系主体包括行政主体和行政相对人两个方面。

在我国，行政法律关系的主体通常包括以下几类：国家行政机关，其他国家机关，企业、事业单位，社会团体和其他社会组织，公民，在我国境内的外国组织及外国人和无国籍人。

上述不同主体在行政法律关系中的地位是不同的，其中，代表国家行使行政权的被称为行政主体，处于被管理一方的主体被称为行政相对人。此外，还要注意的是，行政主体与行政相对人的身份不是一成不变的，在一种行政法律关系中属于行政主体的组织，在另一种行政法律关系中可能是行政相对人。

行政法律关系主体是行政法律关系的首要构成要素，是行政法律关系的启动者，没有行政法律关系主体，行政法律关系就不可能启动，也不可能成立。

（二）行政法律关系主体的特征

1. 行政法律关系主体的广泛性

在我国，能够参与行政法律关系的主体是极其广泛的。当然，对于作为行政主体一方的当事人是有一定限制的，即只能是行政机关及法律、法规授权的组织，其他组织或个人因无法独立行使行政权而不能成为行政主体。但是，作为行政相对人一方的当事人则极为广泛，国家机关、企事业单位、社会团体、其他组织及个人（包括本国公民、外国人和无国籍人）都可以成为行政法律关系中的行政相对人。同时，配置行政权的有权机关（如国家权力机关）和监督行政权依法行使的有权机关（如国家权力机关或司法机关），都能以权力配置主体或监督主体的身份参与行政法律关系而成为行政法律关系的主体。

2. 行政法律关系主体的不对等性

行政法律关系与民事法律关系的显著区别就在于其主体地位对等与否。民事法律关系的当事人都处于平等地位，无论是个人、企事业单位、国家机关、社会团体，还是整个国家政权，在民事法律关系中都是独立的，互不隶属的。而行政法律关系的当事人则在法律上处于不对等地位，而且在不同种类的法律关系中，其不对等的状态还是不相同的。例如，在行政实体法律关系中，行政主体一般处于主导地位，领导和支配着行政相对人，其地位优于行政相对人；在行政程序法律关系和行政诉讼法律关系中，双方的地位则发生了倒错，行政相对人享有更多的权利，而行政主体则承担更多的义务，因此，此时行政相对人的地位要优于行政主体。当然，将行政实体法律关系和行政程序法律关系作为一个整体来看，行政法律关系主体的权利和义务还是对等的。

3. 行政法律关系主体的受限制性

参与行政法律关系的主体所要求的条件比民事法律关系主体的条件要严格一些。除了一般的年龄和精神上的要求外，还有特别法律关系所要求的特别的权利能力和行为能力，许多特殊的行政法律关系要求其主体有特定的政治条件、智力条件。例如，公民加入国家公务员队伍，成为内部行政法律关系（国家行政机关与公务员之间）主体的条件是其必须是具有我国国籍的公民，并且具备一定的文化程度及身体条件等。

二、行政法律关系的客体

（一）行政法律关系客体的内涵

行政法律关系的客体是指行政法律关系内容，即权利和义务所指向的对象，它们是权利和义务的媒介。

行政法律关系的客体包括人身、行为和财产。人身包括人的身体和人的身份等，身体作为客体的情形包括行政拘留等，身份作为客体的情形包括居民身份证的发放与管理等。

行为是指行政法律关系主体的作为和不作为，它既包括行政主体的行政行为，如税收征收引起的税收征纳关系等；也包括行政相对人行政法上的行为，如申请许可证的行为所引起的许可法律关系，违法行为引起的行政处罚法律关系等。

财产是指具有使用价值和价值的物质资料或精神财富，它既可以是实物，如收购的农产品；也可以是货币，如罚款、税赋等；还可以是精神或智力成果，如专利权、商标权、著作权等的确认。

行政法律关系客体是行政法律关系内容的最终表现形式，没有客体，行政法律关系的内容就无法体现出来。

（二）行政法律关系客体范围的确定

对于行政法律关系客体的具体认定，法理学界及行政法学界均有不同观点。有的认为应当包括物、行为和智力财富，有的则认为行为不应是法律关系的客体，而应将行为的结果作为客体，也有学者认为行政法律关系的客体应是利益及负担。其实，行政法主要涉及国家行政权，包括国家行政权的设定、配置、行使及救济，这些都是行政法的调整对象，因而行政法律关系的客体不仅应当包括物、行为和智力财富，还应包括国家行政权力。

（三）国家行政权力作为行政法律关系客体的三种表现形式

1. 作为权力配置法律关系客体的国家行政权力

国家行政权力在权力配置法律关系中处于第一次分配阶段。国家权力机关以宪法和法律的形式将国家行政权在行政机关中进行分配。例如，宪法和组织法规定，国务院享有制定行政法规的权力，国务院各部委、省级（省、自治区、直辖市）政府、省会所在地的市政府及国务院批准的较大的市的政府则享有行政规章的制定权。又如，中央及地方各级政府组织法将统一行政权划分给各个部门分别行使，如工商机关行使工商管理权，公安机关行使治安管理权，税务机关行使征税权等。

2. 作为内部行政法律关系客体的国家行政权力

国家行政权力在内部行政法律关系中处于第二次分配阶段。行政机关在接受权力机关的配置后，还要将被分配的行政权进一步划分，将其分解为更具体的权力并配置到各个相应的行政职位上，由相应的行政机构及在该职位任职的公务员具体行使，这实际上是一种内部委托法律关系。例如，税务机关依法享有征税权，并将对个体工商户征收个人所得税的职权赋予某一具体处、科、室，在该处、科、室内又具体到某些工作人员，由他们代表工商机关征收个人所得税。

3. 作为授权、委托法律关系客体的国家行政权力

国家行政权力在授权、委托法律关系中处于一种特殊的分配阶段。在授权法律关系中，国家权力机关或行政机关通过法律法规将国家行政权授予非行政机关。在这种法律关系中，被授权组织的法律法规授权所获得的行政职权即是该法律关系的客体。在委托法律关系中也是如此，行政机关可以依法将其自身享有的行政职权委托给非行政机关行使，如有权行政机关常将集市贸易管理、城市交通管理或公共卫生管理等群众性、社会性行政事务管理工作委托给一些社会性组织来实施，这种被委托出去的行政职权也是该法律关系的客体。

但是，被授予与被委托的国家行政权力不同。行政权被法律法规授予出去后，即由被授权组织固定行使，并依法承担行使该行政权所带来的法律后果；而行政权被委托出去后，被委托的组织只能以委托行政机关的名义来行使该行政权，并由委托行政机关承担法律责任。

三、行政法律关系的内容

（一）行政权配置主体与行政主体之间的权利和义务

行政权配置主体是创设并分配行政权力的主体。在我国，行政权配置主体是各级国家权力机关，即各级人民代表大会及其常务委员会。我国《宪法》第二条规定："中华人民共和国的一切权力属于人民。人民行使国家权力的机关是全国人民代表大会和地方各级人民代表大会。"《宪法》的这一规定表明，我国

的国家权力，即"以国家名义行使的，处理一个国家对内对外各项事务的，以国家强制力作保障的权力"，属于人民，人民通过人民代表大会这种政权组织形式来行使一切国家权力。因此，从根本上讲，国家权力属于人民，其具体表现为由人民选举出的代表组成的国家权力机关来决定、掌握和运用这种国家权力。在国家权力中，与行政活动有直接关系的是国家行政权力，它是行政活动的起点。而行政权力的大小、运用范围、运用方式并不是自然生成的，也不是行政机关当然享有的，而是要由国家权力机关来决定和分配。在决定和分配行政权力的过程中，就会形成权力机关与行政机关的关系，这种关系由法律所调整，也同样是法律关系。这种关系从一方面讲，是带有国家根本性问题的国家机关之间的关系，因此，它首先应由宪法来调整，属于宪法关系。从另一方面讲，它也是一种行政法律关系，原因有三点：第一，从法的实质内容看，宪法是规定国家和社会生活基本原则和制度的根本法，是决定各部门法基本内容的母法，各部门法规定的基本原则和基本制度都来自宪法中的直接规定，同时又将这些基本原则和基本制度具体化。因此，各部门法中凡属于基本原则和基本制度的规定既是宪法的规定，也是部门法的规定，这些规定所调整的社会关系，既是宪法关系，也是部门法关系。第二，从法的表现形式看，宪法作为法的渊源之一，也是各种部门法的表现形式，在这种情况下，宪法以其形式规定了部门法的内容，这使得宪法的规定与部门法的规定是统一的，不能区分开来。第三，从宪法角度和部门法角度可以分析同一问题。

行政权分配主体在分配行政权过程中具有以下几项权力：

1. 行政权力的创设权

行政权力的创设权是决定行政权力有无、大小以及如何行使的一种根本性国家权力。在我国，它是由全国人民代表大会来行使的。

2. 行政权力的解除权

行政权力的解除权不同于行政权力的撤销权，后者属于监督权力的一种。两者的区别在于：第一，行政权力的解除是对行政机关过去合法享有并行使的行政权力因需要而予以的解除，而行政权力的撤销是对行政机关因违法行使行政权力而对该次行使及其结果的撤销；第二，行政权力的解除是使行政机关不再具有某种行政权力，而行政权力的撤销是撤销行政机关某一次对行政权力的违法使用，该行政权力仍属于行政机关所有并可继续使用。

行政权分配主体主要是通过制定、修改宪法、法律或做出决议的方式来运用和实现上述这些权力。与行政权分配主体的上述权力对应，行政主体有着接受和服从的义务，有着按要求行使行政权力并接受行政权分配主体监督的义务，形成在行政权力分配过程中两者之间的法律关系。

从行政法角度讲，行政权分配主体对行政主体是不存在义务的，行政主体对行政权分配主体也不具有权力，这是这种行政法律关系的非常特殊的表现。行政权分配主体直接代表人民行使权力，决定行政权的有关问题；就其义务而言，它只具有对人民负责的义务，受人民的监督，具体表现为组成各级人民代表大会的代表对其选民具有法定的义务，而这种义务则完全不属于行政法的规定，而是宪法的规定。这就是说，行政权分配主体与行政主体的关系是行政法律关系，而行政权分配主体与选民的关系则是宪法关系。同样，行政主体对行政权分配主体也不存在权力，它在地位上从属于后者，是后者的执行机关，对其负有义务，并受其监督。

（二）行政主体相互之间的权利与义务

行政主体相互之间的权利与义务是内部行政法律关系的一种。行政主体包括国家行政机关、法律法规授权的组织。行政机关委托的组织虽然不是行政主体，但可以代表行政机关行使被委托的行政职权，这些机关、组织之间的权利与义务主要包括以下几类：

1. 国家行政机关之间的权利与义务

国家行政机关一般分为纵向的隶属上下级机关、横向的同级机关和斜向的不同级机关。在纵向的隶属上下级机关之间，上级机关对下级机关具有指挥权、命令权、决定权、监督检查权、纠纷裁决权等，下级机关具有接受和服从的义务；反之，下级机关对上级机关具有请求权、建议权、申诉权和监督权等，而上级机关则相应地具有听取建议或申诉的义务、接受监督的义务、纠正错误决定的义务等。在横向的同级机关之间以及斜向的不同级机关之间，相互则具有请求配合协助与给予配合协助的权利与义务、委托与接受委托的权利与义务、建议与听取建议的权利与义务，以及监督与接受监督的权利与义务。

2. 行政机关与法律法规授权的组织之间的权利与义务

法律法规授权的组织因需要被国家法律法规专门授权而成为行政主体的

一种。行政机关与法律法规授权的组织之间的权利与义务主要分为两种：一种是有工作业务领导关系的行政机关与法律法规授权的组织之间的权利与义务，这种权利与义务类似于纵向的上下级行政机关之间的权利与义务；另一种是其他行政机关与法律法规授权的组织相互之间的权利与义务，这种权利与义务类似于横向的同级机关之间以及斜向不同级机关之间的权利与义务。

3. 行政机关与其委托组织之间的权利与义务

行政机关与其委托的组织之间的权利与义务关系是比较复杂的。它可分为两种类型，这两种类型的权利与义务均不相同。第一种类型是委托活动中双方的权利与义务。这表现为委托关系形成时，受委托的组织有权利行使行政机关委托的那部分行政权力，行政机关则有义务准许并保障受委托的组织运用这部分行政权力。同时，受委托的组织有义务按委托的要求正确行使行政权力，而行政机关则有权监督受委托的组织对行政权力的运用，也有因需要停止委托收回行政权力的权利。第二种类型是委托结果上双方的权利与义务。委托的结果是受委托的组织仅以委托的行政机关的名义行使行政机关的行政权力，其有利或不利的法律后果全部归于行政机关。因此，从实质上讲，行政机关是在自身力量不够的情况下，借助其他组织的人力和物力来实现自己的行政管理目标。

第四节 行政法律关系的产生、变更和消灭

一、行政法律关系产生、变更和消灭的直接原因——法律事实

相应的行政法律规范的存在是行政法律关系产生、变更、消灭的前提条件，而一定的法律事实的出现则是行政法律关系产生、变更、消灭的直接原因。所谓的法律事实是指能够引起法律关系产生、变更、消灭的客观事实。这种客观

事实根据其与人的意志的关系，又可分为两大类：一类是法律事件，即不以人的意志为转移的，能直接引起行政法律关系产生、变更和消灭的客观事实；另一类是法律行为，即能够引起法律关系产生、变更、消灭的客观行为。在行政法律规范业已存在的前提下，一定的法律事实的出现，就必然导致一定的行政法律关系的产生、变更或消灭。

二、行政法律关系的产生

立法设置人们之间的权利与义务，规定理想化的行政法律关系的模式，最终是为了实现它们，否则这些设定或模式就是一纸空文。但行政法规定的行政法律关系的模式并不等于行政法律关系的产生，更不等于行政法律关系的最终实现。

行政法律关系的产生是指因法定事由出现后，行政法律关系的主体之间按法定的权利义务模式（即行政法律关系模式）形成必然的权利义务关系。但这种关系又可分为应有关系和实有关系两种情况。应有关系是指当某种条件具备后，主体双方就自然形成一定的权利义务关系，无论主体是否意识到，或者主体是否承认它。例如，公民一旦有了达到应缴纳税款的收入，税务机关就与之自然形成应有的法定征纳税关系，无论公民是否知道或承认自己有应纳税的义务，或者无论税务机关是否已主张公民必须缴纳税款。实有关系是指当某种条件具备后，主体双方在自然形成一定的权利义务关系的基础上积极主动地主张这种关系。实有关系是有意识、有行为的关系，是人们付诸实际的关系。在这里，将两种关系分开是有重要实践意义的。应有关系是实有关系的基础，但应有关系是理想状态的，从某种意义上讲是理论上的关系。有时它可以实现，如公民在双方的权利义务自然形成后主动履行了自己的义务。有时它可能永远得不到实现，如公民不知道自己已得到的收入应当纳税，税务机关也不知道公民已有这一收入；或者公民知道自己的收入应当纳税，但不予申报致使税务机关不知道这一事实，由于税务机关不知道这一事实而未予主张和处理，就使双方应有的权利义务关系只具有理论意义，而实际上实现不了。实有关系是人们有意识、有行为的关系，因而是人们积极要求实现的关系，通常，它最终能得以实现。例如，一旦公民取得应纳税的收入，税务机关就告知公民应有的征纳税关系已经形成，积极主张自己的征税权力和公民纳税的义务，要求公民按法律规定履行纳税的义务，这种积极主张的行为使双方的权利义务关系成为实有的关系并促成其最终实现。显然，实有的权利义务关系比应有的权利义务关系更重要，也更有意义。

以上述两种关系为标准，我们可以将行政法律关系的产生分为潜在的产生与实际的产生两种形态。

行政法律关系潜在的产生，就是人们形成的只是应有的权利义务关系，即在行政法规定的某种情况出现后，人们依法应当具有的权利义务关系。行政法律关系实际的产生，则是人们已经形成的实际性的权利义务关系。过去人们研究法律关系的产生时并不区分两者，似乎权利义务关系只要产生就万事大吉，这就导致人们不能细致观察权利义务的产生与权利义务的实现的不同过程，而且对促使权利义务关系的最终实现也不能产生积极的意义。

行政法律关系潜在的产生与实际的产生在要求上是不同的。潜在的产生只要求具备以下两个条件：第一，行政法事先规定了一定的权利义务模式以及适用这种模式的条件；第二，适用这种模式的条件实际具备了。条件一旦具备，则主体间就自然具有了模式规定的权利义务关系，即双方的行政法律关系就潜在地产生了。

实际的产生则要求具备以下三个条件：第一，行政法事先规定了一定的权利义务模式以及适用这种模式的条件；第二，适用这种模式的条件实际发生；第三，主体一方或双方以其行为积极主张适用这种模式，确认各自的权利与义务并催促行使权利和履行义务。主体积极主张适用某种权利义务模式的行为，如权利主体以自己的行为开始主张自己的权利和对方的义务，并催促应履行法定义务的一方及时履行义务。这种主张权利可能是直接向应履行法定义务的一方主张，也可能是通过一个国家的权力机关，借助国家权力向应履行法定义务的一方主张。此时，行政法律关系就是实际的产生。

应当看到，行政法律关系潜在产生的条件与行政法律关系实际产生的条件的差别，过去并不为人们所关注，但确实有区分的意义。前者指的是在现实生活中出现了什么情况，就自然应适用规定的行政法律关系模式；后者则是指在前一种情况的基础上，主体还要有积极的主张，或者说要积极明确权利义务关系并督促一定权利义务关系的实际运行。过去人们常常不注意两者的这种差别。例如，有的学者这样表述一定的行政法律关系的产生：严重自然灾害引起国家救济灾民的行政法律关系的产生。其实，这一说法中所指的"产生"，如果是指国家与灾民之间因出现严重自然灾害而应当具有救助权利义务关系是正确的，但如果是指国家与灾民之间已经发生了救助权利义务关系，则是错误的。这里就有一个未区分行政救助法律关系潜在产生的条件与行政救助法律关系实际产生的条件的问题。

二、行政法律关系的变更

（一）行政法律关系变更的内涵

行政法律关系的变更是指行政法律关系产生后、未实现之前，由于一定的原因而发生了局部的变化。应当明确，行政法律关系的变更与原有的行政法律关系消灭并产生新的行政法律关系是不同的。行政法律关系变更的基本点在于以下三点：

第一，原已适用的某种行政法律关系模式没有改变。这包括两个方面的内容：其一，行政法原来确定的某种行政法律关系模式没有被废除，即没有设定新的行政法律关系模式取代原有的行政法律关系模式；其二，对已有的行政法律关系模式没有改变适用，即没有改变适用另一种行政法律关系模式。如果上述两个方面内容之中的任何一方面发生改变，即不存在行政法律关系的变更，而是发生了行政法律关系的消灭。

第二，原已产生的行政法律关系仍然存在，权利义务的性质没有改变，且该行政法律关系并未实现。如果原已产生的行政法律关系已不存在，或其权利义务的性质有变化，或已经实现了，则都表示原行政法律关系的消灭。

第三，原已产生的行政法律关系因一定的情况发生局部的改变。首先，这种改变来源于合理的客观需要，不是任意的改变；其次，这种改变的目的是维持原已产生的行政法律关系，使之因一定的改变而能顺利实现，而不是为了中止它或使之消灭。其实，行政法律关系改变的目的是适应客观变化，维持并保证实现原已产生的行政法律关系。否则，改变是没有必要的，完全可以消灭它并再产生新的行政法律关系。

（二）行政法律关系变更的类型

有学者认为，行政法律关系的变更包括主体的变更、内容的变更和客体的变更；还有学者认为，行政法律关系的变更是指主体的变更和内容的变更。其实，行政法律关系产生之后如发生改变，只能是主体或客体发生变化，而不能是内容（即权利义务）发生变化；无论人在权利义务方面发生什么变化，都意味着原有的行政法律关系已消灭，并形成了以新的行政法律关系模式为标准的行政法律关系。在这些变化中，有质的变化，即权利义务性质的变化，如由原来的行使权利变为现在的履行义务，或者由此种类型的权利义务（如行政主体无偿服务）变为彼种类型的权利义务（如行政主体有偿服务）；也有量的变化，即权利义务的增加或者减少，这都表明原已适用的行政法律关系模式不再适用，而应适用新的法律关系模式。

因此，行政法律关系的变化只是主体与客体的变化。

第一，主体的变化。主体的变化指主体发生了不影响原权利义务的某种变化，通常只能是形式的变化。这里的主体变化限于不影响原有权利义务的范围之内。如果主体发生的变化会带来权利义务的改变，则属于消灭原行政法律关系而建立新的行政法律关系。例如，以前，行政主体对国有企业在企业经济活动方面是指挥与服从的法律关系；后来，行政主体的身份发生改变，不再是指挥者的身份而是服务者的身份，此时主体发生了身份、性质的变化，而由于其身份的改变必然带来其权利和义务的变化，因此原指挥的权力变为服务的义务。在这里，原行政主体与国有企业之间指挥与服从的行政法律关系就已经消灭了，产生的是新的服务与受益的行政法律关系。

第二，客体的变化。客体的变化是指客体发生了不影响原权利义务的某种变化，通常只能是具有可替代性的变化，即以一种客体取代另一种客体。如果客体不具有可替代性，则不能发生变化。客体的变化也只限于在不影响原有权利义务的范围之内，如果它们发生的变化会带来权利义务的改变，则属于消灭原行政法律关系而建立新的行政法律关系。

三、行政法律关系的消灭

（一）行政法律关系消灭的内涵

行政法律关系消灭的核心是主体双方原有的权利义务不再存在，而主体的消灭或客体的消灭只是引起权利义务消灭的原因。在行政法律关系中，一旦权利义务消灭，则行政法律关系不再存在。如更换，则属于原行政法律关系消灭后产生新的行政法律关系。而主体的消灭，可在一定条件下以新的主体承接原已消灭主体的权利义务，形成法律关系的变更；客体的消失也可在一定情况下由另一种客体代替，以保证原权利义务的实现。

（二）行政法律关系消灭的类型

行政法律关系从要素上分为主体、客体和内容三种，行政法律关系的消灭可能是各要素的消灭，也可能是其中某一要素的消灭。但最关键、最重要的是内容要素的消灭，一旦权利义务消灭了，该行政法律关系就不再存在了。以行政法律关系各要素的消灭为标准，可以将行政法律关系的消灭分为下列类型：

第一，权利义务要素消灭，即行政法律关系内容要素的消灭。权利义务要素的消灭，通常由于所适用的行政法律关系模式被废除，权利义务已行使或履行完毕，以及行政相对人放弃自己的权利等。权利义务的消灭是行政法律关系人为的消灭，即人们有意识、有目的地消灭已产生的行政法律关系。

第二，因主体消灭使权利义务也消灭。行政法律关系主体要素的消灭，不一定必然导致行政法律关系的消灭。主体的消灭可以形成行政法律关系的变更和消灭两种情况。一种是原主体消灭后，有新的主体承接原主体的权利义务，这时权利义务并没有消灭。在此情况下，行政法律关系只是有了变更而不是消灭。原行政法律关系的主体消灭后没有主体承接的情况，如行政主体与某行政相对人具有某种权利义务，后该行政相对人死亡，也没有他人来承接该行政相对人的权利或义务，此时权利义务要随主体的消灭而消灭。另一种是如果原主体消灭后，没有主体承接或不能有承接主体，则权利义务也要随之消灭。例如，行政主体与某行政相对人有处罚与受处罚的权利义务，在义务未履行前该行政相对人死亡，但其他任何人都不能承接该行政相对人受处罚的义务，此时，双方的权利义务也要随主体的消灭而消灭。在此情况下，主体消灭只能使权利义务随之消灭。

主体的消灭导致权利义务的消灭，属于客观的消灭，即是客观原因导致的，是不以人的意志为转移的消灭。

第三，因客体消灭使原权利义务也消灭。行政法律关系客体的消灭也不一定必然导致行政法律关系的消灭。客体的消灭可以形成行政法律关系的变更和消灭两种情况。

如果原客体消灭后，能以另一种客体代替原客体，则原权利义务仍可实现而并没有消灭，行政法律关系只是有了一定的变更。如果原客体消灭后，其他客体不能取代原客体，则原权利义务无法实现，原行政法律关系只能随之消灭。原行政法律关系的客体消灭后其他客体不能代替的情况，如行政主体与某行政相对人之间原有没收某一特定违禁物的权利义务关系，在未被没收前该物因为火灾而灭失，该物是其他物不能取代的，此时，没收的权利义务已不存在，只能随该特定物的消灭而消灭。

第四章　行政案件的执行

第一节　行政诉讼执行

一、行政诉讼执行的概念

《行政诉讼法》第九十四条规定："当事人必须履行人民法院发生法律效力的判决、裁定、调解书。"行政诉讼执行是指在义务人逾期拒不履行人民法院就行政案件依法作出的具有执行力的法律文书时，人民法院和有关行政机关依法采取强制措施，从而使生效的法律文书得以实现的活动。

行政诉讼执行有四个特征：① 执行机关是人民法院或有权的行政机关。对已经生效的人民法院的判决可以进行强制执行的组织，包括人民法院和有权执行的行政机关。② 执行申请人或被执行人必有一方是行政机关。这是由行政案件的性质和行政法律关系的基础所决定的，是行政法律关系在诉讼执行程序中的反映。③ 执行根据是已经生效的裁判文书。这些文书包括判决书、裁定书和行政赔偿调解书。这些文书均是司法文书，在法律上具有最终确定的效力，是当事人必须履行和遵守的依据。由于这些文书具有司法的最终确定力，因此，它们不能被其他任何行政机关的决定、决议所推翻，也不能在未经合法程序撤销以前被任何一个法院，包括裁判的法院所否认或拒绝。④ 执行结果是使裁判文书所确定的义务得以实现。在执行过程中，不能对被执行人设定新的义务，也不能改变已经由法院规定的权利义务。从根本上讲，这不过是以强制的方法去迫使被执行人履行义务。因此，所有的强制执行措施都以达到这个目的为限，绝不能超出这个范围。

二、行政诉讼执行的原则

（一）执行当事人的法律地位平等原则

《行政诉讼法》的基本原则之一就是当事人的诉讼地位平等，这一原则反映在执行上，就是执行申请人与被执行人的诉讼法律地位平等。

（二）依法执行原则

强制执行以强迫、高压手段为特点，在强制过程中不可避免地要涉及一些在常态法律秩序下不会采用的措施。因此，强制执行在组织、对象、程序、措施等各个方面都要严格依照法律规定进行。

（三）目的实现原则

只要当事人完全履行了义务，强制执行就应当停止，或者执行一旦达到目的即宣告结束，不应当超范围、超程度地执行。而且，选用的执行方法也应以达到目的为限，遵守法律的规定。

三、行政诉讼案件执行的主体、对象与范围

（一）执行的主体

执行的主体，是指行政执行案件形成的诉讼法律关系中权利义务的承担

者。在由行政机关执行的时候,就是行政执行程序上的权利和义务的承担者,包括执行组织、执行当事人、执行参与人和执行异议人。

(二)执行对象

执行对象,是指生效的执行根据所确定的,并由执行机关的执行行为所指向的客体。执行对象必须以生效的裁判文书所确定的义务为基础。

行政诉讼案件的执行对象分为三类:物、行为和人身。

1. 物

包括财物和其他物件,如缴纳税款、退还证件、票据等。物有特定物和不特定物之分,财产有动产和不动产之分,有些执行措施对不动产适用,有些则对动产适用。所以,明确物的属性和类别是很重要的。

2. 行为

作为执行对象之一的行为,是以实施特定行为为完成执行义务的行为。这些特定行为原属裁判所确定的作为行为,本应由义务人自动履行,由于其拒不履行而引起强制执行,所执行的对象就是该特定行为,如强制拆除违章建筑等。

3. 人身

人身作为执行对象是行政诉讼执行制度的特殊所在。例如,对违反治安管理处罚法的公民进行行政拘留。如果行政机关在实施拘留时违法,如超期拘留等,则构成对公民人身权的侵害,对此应给予赔偿。这里,作为执行对象的显然是该公民的人身而不是别的。

(三)执行范围

执行范围,是指物、行为、人身成为执行对象的具体界限。

执行范围有以下几项限制:只有属于被执行人本人所有的财产才能成为执行的对象,其他无论什么关系人的财产都不能纳入执行的范围;被执行人是公民的,应当保留被执行人及其扶养家属的生活必需费用和生活必需品;被执行人如果是以生产劳动为主要谋生手段的,则该被执行人赖以谋生的生产工具不能纳入执行的范围;被执行人是法人或组织的,在法人或组织未宣告破产或被撤销时,其必要的生产、工作设备和厂房、用房等不能纳入执行范围;被执行人是行政机关的,除了可供执行的款项以外,其他物是不能纳入执行范围的,如办公设备、用房等，因为这些财物是该行政机关履行行政职能的必要条件。

四、行政诉讼的执行措施

行政诉讼案件的执行措施是指执行机关所采用的具体执行手段与方法。这些执行手段与方法源于法律的明确规定，不能由执行机关任意创造。

根据执行措施适用对象的不同，行政诉讼的执行措施有以下两种形式：

（一）对行政机关的执行措施

《行政诉讼法》第九十六条规定，行政机关拒绝履行判决、裁定、调解书的，第一审人民法院可以采取下列措施：

1. 对应当归还的罚款或者应当给付的款额，通知银行从该行政机关的账户内划拨。

2. 在规定期限内不履行的，从期满之日起，对该行政机关负责人按日处五十元至一百元的罚款。

3. 将行政机关拒绝履行的情况予以公告。

4. 向监察机关或者该行政机关的上一级行政机关提出司法建议。接受司法建议的机关，根据有关规定进行处理，并将处理情况告知人民法院。

5. 拒不履行判决、裁定、调解书，社会影响恶劣的，可以对该行政机关直接负责的主管人员和其他直接责任人员予以拘留；情节严重，构成犯罪的，依法追究刑事责任。

（二）对公民、法人或者其他组织的执行措施

对公民、法人或者其他组织的执行措施种类较多。除了《行政诉讼法》规定的以外，单行法律中规定的执行措施几乎都是针对公民、法人或者其他组织的。主要有：①冻结，即将被执行人在金融储蓄机构的存款进行封存的强制措施。②划拨或扣缴，即将被执行人的款项从存款机构账户内划出，并直接划入执行机关所指定账户的强制执行措施。③扣留或提取，即对被执行人的劳动收入直接从发放或存放处扣留与提取的执行措施，如对公民所在工作单位发出协助执行通知书，从其工资中逐月扣除等；查封、扣押、拍卖、变卖和收购等。

五、行政诉讼的执行程序

行政诉讼的执行程序由一系列独立的环节组成,包括提起、审查、准备、中止、终结、和解、完毕、补救等。《行政诉讼法》未对行政诉讼执行程序作详尽规定,在具体实践中,都是参照《民事诉讼法》的有关规定执行的。

（一）执行提起

申请执行是执行提起的主要形式。如果法院的裁判文书已经生效,而义务人仍拒不履行的,胜诉一方的权利人有权向人民法院提出执行申请。申请人可以是原告,也可以是被告,但其必须是行政裁判文书的权利人而非义务人。除诉讼当事人以外,其他人无权提出执行申请。但是,在行政裁决民事纠纷的案件中,裁决行为确定的权利人及其承受人有权申请执行。无论案件经过几次审判程序,执行申请人须向第一审人民法院提出执行申请,而不能直接向第二审人民法院提出执行申请。

执行申请人必须向第一审人民法院提交书面行政执行申请书,执行依据的判决书、裁定书、调解书,以及有关证据材料,并预交执行费用。

（二）执行审查

执行审查是指人民法院在接到执行申请书后,在法定期限内,对有关文书、材料进行审查,对案情进行了解,并决定是否立案执行的过程。只有经审查并立案的,执行程序才能继续。执行是一个独立的过程,所以,审查是必须环节,并由法院执行庭负责。如经审查认为符合条件应当立案的,要通知申请人、被申请人;如审查,不将有关文书、材料退回;如审查发现材料不足,则通知申请人补充材料;如属于执行事项不清、不准确或有法律文书制作错误,则应当通知有关机构予以补正后,立案执行。

执行员在接到申请书后或移交执行书后,应当在十日内了解案情,审查以下主要事项:申请人资格是否适当;执行的文书、材料是否齐备;执行根据是否生效;申请是否生效;执行文书的内容是否正确、合法;执行文书材料的要求是否一致,有关文件文号等形式条件是否完备;其他需要审查的事项。

（三）执行准备

经人民法院决定立案执行的，执行员在实施执行以前应深入了解被执行义务人拒不履行义务的原因，是否有能力及其财产状况等。另外，在接到申请十日内，还应通知被执行人在指定的期限内自动履行，并告诫被执行人，如逾期仍不履行的，将强制执行；同时，作为一种工作上的要求，执行员还要对被执行人进行说服教育，并主动与被执行人所在单位或上级部门、基层组织取得联系，以求得他们的协助，促使被执行人自动履行义务。然后，要制定强制执行方案，决定所要采取的执行措施，确定执行的时间、地点，划分执行范围，明确执行对象，并办理好有关执行措施、批准手续，通知执行参与人以及有关人员到场。

（四）执行中止

在执行过程中，因法定事由出现，暂时中断执行，待事由消失后执行程序继续进行，这就是执行中止。法律所规定的事由有以下几个方面：

执行申请人表示可以延期执行的。由于被执行人短期内无财产可供执行，或者由于被执行人提供担保表示以后履行等因素，导致申请延期，而权利人，即执行申请人表示可以延期执行的。考虑到申请执行与不申请执行系权利人的诉讼权利，法院应当尊重其选择，所以，法律规定，法院应当中止执行，并以法院裁定形式表示出来。执行申请人表示可以延期时，必须以书面形式表达，或由法院执行员记录在卷，并由执行申请人签名。无论是公民、法人或者其他组织作为执行申请人，还是行政机关作为执行申请人，都有可以表示同意延期执行的权利。

案外人对执行标的提出确有理由的异议，也是要暂时中止执行程序的，以便在中止期间进行审查、修正或调整执行标的，以免执行错误。案外人必须以书面形式向法院提出自己的主张，而且必须在执行程序中提出，同时还应提供其主张或异议的理由及有关证据材料。如执行员经审查、了解后确认异议成立，应将有关材料交合议庭或审判委员会讨论决定，裁定中止，等重新调整执行对象范围后，再恢复执行。

一方当事人死亡，需要等待继承人继承权利或承担义务的。无论是被执行人还是执行申请人死亡,都会使权利义务主体发生变化,所以需要裁定暂时中止执行。待继承关系发生后,继承人进入执行程序,权利义务主体确定后,执行程序再继续进行。期限为三个月,逾期无人继承的,则由中止转变为终结。

作为一方当事人的法人或其他组织终止的,尚未确定权利义务承受者的,也应中止执行程序。

此外,法院认为应当中止的其他情形还有:被执行人下落不明的;被执行人出国未归,而国内又无财产可供执行的;被执行人暂时丧失行为能力,要等待其恢复的;作为执行根据的法律文书已被再审,需要等待再审结果的;等等。上述事由消失后,法院应立即主动恢复执行。中止以前所进行的执行活动,仍然继续有效。

(五)执行终结

在执行过程中,因法定事由出现,使执行已无必要或不可能继续进行,因而结束执行程序,即所谓的执行终结。它与中止不同,中止是暂时中断,之后还要继续执行,而终结则是执行结束,以后不再恢复或继续,程序被终结了。

当然,执行程序终结并不是由于义务的实现,而是由于以下几种情况:①执行人撤销执行申请;②据以执行的法律文书被合法撤销;③作为被执行人的公民死亡,无遗产可供执行,又无义务承担人;④追索抚恤金案件的权利人死亡,抚恤金是一种特定权利人享有的权利,如果该特定权利人已死亡,其权利是不可以转让或代替的,所以必须终结;⑤法院认为应当终结执行的其他情形。

终结执行的法院应当制作终结执行裁定书,载明终结的理由、法律根据,并送达当事人生效,当事人对于终结执行裁定不得上诉。

(六)执行和解

执行和解是指在执行中,执行申请人与被执行人就赔偿内容自愿达成协议,以解决争议,从而结束赔偿内容的执行。执行和解,是当事人双方自行和解,不是由法院主持进行的。而且,和解对象不能是具体行政行为部分,只能是所涉及的赔偿部分。根据《行政诉讼法》的规定,行政诉讼中的赔偿部分是可以进行调解的,因为这部分内容说到底是民事权利义务。这也决定了在执行中对赔偿部分内容适用和解的可能性。和解不得违反法律规定，不得侵害第三人利益，也不能损害公共利益。

（七）执行完毕

执行完毕是指执行机关采取执行措施，实现执行根据确定的义务。执行完毕是执行案件在内容和程序上的终结，当事人权利得以实现。执行案件结束，应结清执行交付的各种手续、费用等，从而告知程序完毕。如果执行确有错误，只有通过执行回转予以补救。

（八）执行补救

执行补救是指在执行程序结束后，因法定事由出现而需对已执行事项采取补救措施，予以补救。执行补救分为执行回转和再执行。

1. 执行回转

在执行结束后，因法定事由将已被执行的对象恢复到执行前的状态，即为回转。这实际上是在实事求是地纠正错误，因此执行回转的事由必须是：① 已经执行完毕的法律文书被有权法院依审判监督程序予以撤销；② 第一审法院先行给付的裁定执行完毕后，该第一审的判决被上诉法院撤销，导致第一审的先行给付裁定失去合法的基础与效力；③ 执行人员违法执行的。执行回转也适用于当事人自动履行的情形，只要属于上述事由的，法院应当依职权完成执行回转，以恢复合法状态。

2. 再执行

再执行是在执行程序结束后，对未执行的内容再次执行。在再执行情况下，原执行的内容尚未完成，但在程序上被终结了，由于新的事由出现，因此原来被终结的执行须再予执行。

再执行的事由必须是：① 发现新的情况，如原认定被执行人死亡，又无遗产可供执行，从而终结执行。后来发现该被执行人有遗产存在，这是原认定有误所致。② 因被执行人以违法手段威胁，使执行申请人撤回申请而终结执行的，事后申请人提出，如确属理由正当，应予执行。③ 其他应当再执行的情形。

第二节　非诉行政案件的执行

一、非诉行政案件执行的概念

非诉行政案件的执行，是指公民、法人或者其他组织既不向人民法院提起行政诉讼，又拒不履行已生效的具体行政行为所确定的义务，行政机关或行政裁决行为确定的权利人向人民法院提出执行申请，由人民法院采取强制执行措施，使行政机关的具体行政行为得以实现的制度。非诉行政案件的执行有以下特点：

非诉行政案件的执行机关是人民法院，而非行政机关。虽然非诉行政案件的执行对象是具体行政行为，执行申请人也是行政机关，但非诉行政案件强制执行权的享有者不是行政机关，而是人民法院。

非诉行政案件的执行根据是行政机关作出的具体行政行为，该具体行政行为没有进入行政诉讼程序，没有经过人民法院的审理裁判，而且，申请执行的行政行为已经发生法律效力。

非诉行政案件的执行申请人是行政机关或行政裁决确定的权利人，被执行人只能是公民、法人或者其他组织。非诉行政案件强制执行的是行政机关所作出的具体行政行为，该具体行政行为是行政机关行使行政职权的体现，具体行政行为所确定的义务能否履行，直接关系到行政机关的职权能否得以实现。因而，在通常情况下，非诉行政案件执行的执行申请人应为行政机关。行使行政职权的行政机关不能成为被执行人，而具体行政行为所确定的义务人，即公民、法人或者其他组织一般只能成为被执行人，不能成为执行申请人。

行政机关对平等主体之间的民事争议作出的裁决中，涉及三方主体：一方是行政裁决者，即行政机关，另外两方则为民事争议双方当事人。因为行政裁决是行政机关对民事争议双方当事人的民事争议作出的裁决,如果裁决中义务人拒不履行行政裁决,行政裁决中确定的权利人的权益就会因此受到侵害,所以,为了保护其合法权益,法律赋予其直接向人民法院申请强制执行行政裁决的权利。同时,权利人与行政裁决有直接利害关系,其最了解义务人是否已经履行了义务,由其直接向人民法院申请强制执行,可以弥补行政机关怠于履行职责的不足。

非诉行政案件执行的前提是公民、法人或者其他组织在法定期限内,既不提起行政诉讼,又拒不履行具体行政行为所确定的义务。如果公民、法人或者其他组织已经向人民法院提出了行政诉讼,法院已经受理,即使其没有履行该具体行政行为所确定的义务,行政机关也不能向人民法院申请强制执行该具体行政行为。鉴于在行政诉讼过程中,可能会遇到原告或者第三人转移、隐匿、毁损被诉具体行政行为所涉及的财物以及发生其他情况,如果不及时采取措施,会给国家利益、公共利益或者他人利益造成不可弥补的损失。

二、非诉行政案件执行的适用范围

非诉行政案件执行的适用范围,是指在何种情况下行政机关可以申请人民法院强制执行具体行政行为,在何种情况下行政机关不能申请人民法院强制执行具体行政行为。它事实上涉及人民法院与行政机关对具体行政行为强制执行的分工和对二者行政强制执行权的划分。非诉行政案件执行的具体适用范围如下:

法律、行政法规、地方性法规没有赋予行政机关对该具体行政行为的强制执行权,公民、法人或者其他组织在法定期限内既不提起行政诉讼又不履行义务的,行政机关申请人民法院强制执行,人民法院应当依法受理。

法律、行政法规、地方性法规规定该具体行政行为既可以由行政机关依法强制执行,也可以申请人民法院强制执行,行政机关申请人民法院强制执行的,人民法院也可以依法受理。

行政机关依法律、法规规定,部分享有强制执行权,部分没有强制执行权,行政机关对没有强制执行权的部分申请人民法院强制执行的,也属于非诉行政案件执行范围。

如果法律、行政法规、地方性法规规定应当由行政机关依法强制执行的，行政机关应当依法自行强制执行，不得申请人民法院强制执行。此类具体行政行为的执行，不属于非诉行政案件的执行。此类具体行政行为不能纳入非诉行政行为执行的范畴。

三、非诉行政案件执行的执行管辖

非诉行政案件执行的执行管辖，是指不同级别的人民法院和同级不同区域的人民法院对非诉行政案件执行的权限分工。

执行案件一般相对简单，基层人民法院能够胜任执行工作。同时，基层人民法院距离行政机关和公民、法人或者其他组织最近，由基层人民法院负责执行，既便于申请强制执行的行政机关和被执行人，又便于人民法院了解情况，加快执行工作的进程。

通常，行政机关只能管辖本行政区域内的公民、法人或者其他组织，因为行政机关与作为被执行人的公民、法人或者其他组织一般在同一个地区，所以，由行政机关所在地的人民法院管辖，既便于执行申请人，也便于被执行人。但如果执行对象为不动产时，则由不动产所在地的人民法院管辖，即特殊管辖。

四、非诉行政案件执行的条件

非诉行政案件的执行以强制力为后盾，直接影响公民、法人或者其他组织的权益，并影响到行政法治目标的实现，因而应当明确规定行政机关申请人民法院强制执行具体行政行为的条件。行政机关申请人民法院执行具体行政行为时，应当具备以下条件：

第一，具体行政行为依法可以由人民法院执行，即具体行政行为属于非诉行政案件的适用范围。

第二，具体行政行为已经生效并具有可执行内容，即具体行政行为必须已经发生法律效力，并且具有给付内容。如果具体行政行为尚未发生法律效力，行政机关就不能申请人民法院强制执行；如果具体行政行为无给付内容，行政机关就无须人民法院强制执行。

第三，执行申请人是作出该具体行政行为的行政机关或法律、法规、规章授权的组织或行政裁决确定的权利人等，这是对执行申请人资格的要求。首先，执行申请人必须是依法成立行使行政职权的行政机关，或者是经法律、法规授权行使行政职权的组织；其次，执行申请人必须是作出具体行政行为的主体。

第四，被执行人是该具体行政行为所确定的义务人，这是对被执行人资格的要求。

第五，被执行人在具体行政行为确定的期限内或者行政机关另行指定的期限内未履行义务。义务人没有在规定期限内履行义务是强制执行的前提条件。如果义务人已经履行了具体行政行为所确定的义务，或者义务人没有履行义务，但尚未超过规定的期限，行政机关则不能申请人民法院强制执行该具体行政行为。

第六，被执行的行政案件属于受理申请执行的人民法院管辖，即行政机关必须向有执行管辖权的人民法院提出申请。

五、非诉行政案件执行前的财产安全

行政机关或者具体行政行为确定的权利人可向人民法院提出财产保全申请。非诉行政案件执行前的财产保全依申请开始，人民法院不得主动采取财产保全措施。有权提出非诉行政案件执行前财产保全的主体为作出具体行政行为的行政机关，或者具体行政行为确定的权利人，其他人员无权提出申请。

非诉行政案件执行前财产保全申请应向对该具体行政行为有强制执行管辖权的人民法院提出。

非诉行政案件执行前财产保全申请人有充分理由证明被执行人可能逃避执行，这是申请执行前财产保全的实质条件。被执行人逃避执行是指被执行人有主观上的恶意，擅自将财产转移、隐匿、毁损、挥霍、出卖等逃避履行义务的行为。被执行人逃避执行必须是客观存在的，而不是执行前财产保全申请人的主观臆断，对此申请人必须有充分理由证明被执行人有逃避执行的可能性。

非诉行政案件执行前，财产保全申请人（具体行政行为确定的权利人）必须向人民法院提供相应的财产担保。由于财产保全是对被执行人行使财产权的一种限制，可能会给被执行人造成损失，因此，为了防止出现因保全措施给被执行人造成损失，而申请人又无力赔偿或拒绝赔偿的情况，要求执行前财产保全申请人必须向人民法院提供相应的财产担保。如果申请人不按规定提供担保，人民法院则应依法驳回其执行前财产保全申请。

对于符合执行前财产保全条件的申请，人民法院应采取财产保全措施，对被执行人的财产加以保护，防止被执行人恶意处置这些财产。根据有关法律的规定，人民法院可以采取查封、扣押、冻结等财产保全措施。

六、非诉行政案件的执行程序

非诉行政案件的执行一般包括申请与受理、审查、告知履行和强制执行等环节。

（一）申请与受理

非诉行政案件的执行自行政机关（包括行政裁决所确定的权利人或其继承人、权利承受人）的申请开始，行政机关向人民法院提出强制执行其具体行政行为的申请是非诉行政案件执行开始的唯一方式，人民法院无权自行开始非诉行政案件的执行。

行政机关申请人民法院强制执行具体行政行为必须符合上述非诉行政案件执行的条件，否则人民法院将不予受理。同时，行政机关在向人民法院提出申请时，必须向人民法院递交有关材料。具体材料如下：

1. 申请执行书

行政机关申请人民法院强制执行，不能以口头形式进行，而必须以提交申请执行书的形式提出。申请执行书是行政机关申请人民法院强制执行具体行政行为的书面表现形式，也是申请行为的形式要件。申请执行书除了应表明行政机关申请人民法院强制执行的意向外，还应当载明与执行有关的事项，这些事项主要包括：① 申请执行的行政机关的名称、法定代表人；② 被执行人的姓名或名称、住址或地址；③ 具体行政行为的主要内容、理由与根据，以及义务人拒不履行义务的事实等。

2. 据以执行的行政法律文书

据以执行的行政法律文书是行政机关作出具体行政行为的文字表现形式，它是行政机关申请人民法院强制执行的根据，是行政机关向人民法院提出申请必不可少的材料之一。如果行政机关没有作出或者不能提供据以执行的法律文书，执行就会因缺少根据和没有明确指向而无法进行。

3. 证明被执行的具体行政行为合法的材料

人民法院强制执行的具体行政行为必须是合法有效的，因此行政机关在向人民法院提出申请时，必须向人民法院提交有关证明材料以证明该具体行政行为合法有效。这些材料主要包括：① 行政机关具有作出该具体行政行为的权限；② 行政机关据以作出该具体行政行为的事实和相关证据；③ 行政机关作出该具体行政行为的法律依据；等等。

4. 被执行人的财产状况

行政机关申请人民法院执行公民、法人或者其他组织的财产，需要提供被执行人的经济状况和可供执行的财产状况。

5. 其他必须提交的材料

其他必须提交的材料是指除上述材料以外的与执行有关的必要材料，如执行对象为特定物的，行政机关就应提供有关特定物的形态、特征、存放地点等情况。

行政机关提出申请后，人民法院应当对行政机关的申请进行审查，以确定行政机关的申请是否符合非诉行政案件的执行条件。对于符合非诉行政案件执行条件的申请，人民法院应当立案执行；对于不符合非诉行政案件执行条件的申请，人民法院应当裁定不予受理。

（二）人民法院对具体行政行为的审查

人民法院决定立案执行后，应当继续对申请进行审查，但这一审查不同于立案审查，这次审查主要是对作为执行根据的具体行政行为是否合法进行实质审查。

因而，从总体上来看，人民法院对具体行政行为不予执行的原因，必须是被申请执行的具体行为存在较为明显的错误，即具体行政行为有原则性错误，此时，人民法院才能对该具体行政行为不予执行。具体而言，人民法院对被申请执行的具体行政行为不予执行的情形有以下几种：

1. 具体行政行为明显缺乏事实根据

具体行政行为明显缺乏事实根据，是指具体行政行为没有相应证据作为根据，行政机关对相应事实认定存在重大错误、事实认定不清等，使行政机关得以作出具体行政行为的事实无法成立。具体行政行为明显缺乏事实根据，属于具体行政行为明显违法，此种具体行政行为自然不能成为强制执行的对象。

2. 具体行政行为明显缺乏法律依据

具体行政行为明显缺乏法律依据，是指行政机关作出具体行政行为的法律文书中根本没有引用法律根据，行政机关对法律、法规的适用明显存在错误等情形。行政机关适用法律、法规明显错误时，对公民、法人或者其他组织权利、义务的设定也必然会出现错误，因此由此作出的具体行政行为也是错误的。

3. 其他明显违法并损害被执行人合法权益的情形

该项属于弹性条款，需要人民法院根据实际情况作出具体判断。人民法院在具体行政行为同时存在明显违法和损害被执行人合法权益两种情形时，才能作出不予执行的裁定。

人民法院对被申请执行的具体行政行为进行审查，虽然没有发现原则性错误，但尚有一些欠缺和不足，如某些事项有遗漏或者有差错，某些内容含糊不清等，人民法院虽未裁定不予执行，但应当通知并建议行政机关加以解释、纠正或者作出说明。

人民法院审查完毕后，无论是准予执行还是不予执行，都应当作出裁定，对此裁定，当事人不能提出上诉。

第五章 行政复议

第一节 行政复议概述

一、行政复议的概念

行政复议是指公民、法人或其他组织认为行政机关的具体行政行为侵犯其合法权益，依法向上级行政机关或者法律、法规规定的其他机关提出申请，由受理申请的行政机关对该具体行政行为的合法性和适当性进行审查，并作出处理决定的活动。

行政复议是行政法上一种重要的行政救济制度，其具有以下含义：

（一）行政复议是一种依申请而实施的行政行为

行政复议机关实施行政复议行为，必须基于行政相对人提出的申请。如果没有这种申请，行政复议程序就不能启动，行政复议机关就不能实施行政复议行为。尽管行政复议机关作为上级机关，在发现下级行政主体的具体行政行为违法或不当时，可主动予以撤销或变更，但这不是行政复议行为，只是上级对下级的行政监督。

（二）行政复议由有行政复议权的行政机关受理

享有行政复议权的机关，一般为作出原具体行政行为机关的上一级机关，法律、法规另有规定的除外。行政复议是国家行政机关的行政行为，是上级国家行政机关对下级国家行政机关的行政活动进行层级监督的行政活动。承担行政复议职责的只能是国家行政机关，国家权力机关、国家审判机关和国家监察机关等其他国家机关都不能成为行政复议机关；同时，也不是所有行政机关都可成为行政复议机关。一般而言，只有作出具体行政行为的行政机关的上一级行政机关才能受理和管辖行政复议。在特定情况下，法定的其他行政机关也可成为行政复议的主体，如在特殊情况下，可由原行政机关复议。

（三）行政复议以具体行政行为为审查对象，并附带审查部分抽象行政行为

行政相对人对抽象行政行为——国家行政机关制定的行政法规、规章或者具有普遍约束力的决定不服的，不能直接申请行政复议，对规章的审查应当按照法律、行政法规办理；对行政机关发布的具有普遍约束力的决定不服的，不能直接提起行政复议，而只能在对根据行政机关发布的决定作出的具体行政行为提起行政复议时，一并对具体行政行为所依据的行政机关发布的决定提出审查请求，而且被要求审查的抽象行政行为只能是行政规范，不包括行政法规、部门规章和地方政府规章。

（四）行政复议是以行政争议为处理对象的行为

行政争议是由于相对人认为行政机关行使行政管理权侵犯其合法权益而引起的争议。行政复议只以行政争议为处理对象，它不解决民事争议和其他争议。

二、《行政复议法》的立法根据

《行政复议法》的立法根据是《宪法》，这表明《行政复议法》是《宪法》

的直接下位法,是公民宪法权利的保障法。《行政复议法》的制定,表明我国确立了统一的行政复议制度,各单行法有关行政复议的规定与《行政复议法》的规定不一致的,都要以《行政复议法》的规定为准。同时,这也表明行政复议制度已经成为一种独立的制度,不再是附属于行政诉讼的配套制度,而是与行政诉讼平行并列的法律制度,同为我国行政救济法律制度,在建设法治政府方面具有重要的地位。

具体来说,《宪法》中有关公民权利的规定,是建立行政复议制度的法律基础。《宪法》第二条规定:"中华人民共和国的一切权力属于人民。人民行使国家权力的机关是全国人民代表大会和地方各级人民代表大会。人民依照法律规定,通过各种途径和形式,管理国家事务,管理经济和文化事业,管理社会事务。"《宪法》第五条规定:"中华人民共和国实行依法治国,建设社会主义法治国家。国家维护社会主义法制的统一和尊严。一切法律、行政法规和地方性法规都不得同宪法相抵触。一切国家机关和武装力量、各政党和各社会团体、各企业事业组织都必须遵守宪法和法律。一切违反宪法和法律的行为,必须予以追究。任何组织或者个人都不得有超越宪法和法律的特权。"《宪法》第二十七条规定:"一切国家机关实行精简的原则,实行工作责任制,实行工作人员的培训和考核制度,不断提高工作质量和工作效率,反对官僚主义。一切国家机关和国家工作人员必须依靠人民的支持,经常保持同人民的密切联系,倾听人民的意见和建议,接受人民的监督,努力为人民服务。国家工作人员就职时应当依照法律规定公开进行宪法宣誓。"《宪法》第四十一条规定:"中华人民共和国公民对于任何国家机关和国家工作人员,有提出批评和建议的权利;对于任何国家机关和国家工作人员的违法失职行为,有向有关国家机关提出申诉、控告或者检举的权利,但是不得捏造或者歪曲事实进行诬告陷害。对于公民的申诉、控告或者检举,有关国家机关必须查清事实,负责处理。任何人不得压制和打击报复。由于国家机关和国家工作人员侵犯公民权利而受到损失的人,有依照法律规定取得赔偿的权利。"上述规定,一方面对行政机关提出了严格依法办事的要求,另一方面赋予了公民对行政机关进行批评、监督的权利。行政复议,正是公民依法行使对行政机关的批评、监督权,促使行政机关依法办事的具体体现。

三、行政复议的特征

行政复议是解决行政争议的制度，但不是解决行政争议的唯一制度。除了行政复议外，解决行政争议的制度还有信访制度、行政诉讼制度等。行政复议作为一种解决行政争议的独特制度，具有以下特征：

（一）监督性

行政复议是行政机关内部的监督机制。行政复议作为一种行政行为，是上级行政机关对下级行政机关的一种层级监督和自我监督，即有权的上级行政机关依据利害关系人的请求，复查原具体行政行为的一种行政监督措施。复议机关与被申请人之间是一种行政隶属关系，与申请人之间是管理者与被管理者的关系。通过行政复议，上级行政机关可以及时发现并纠正下级行政机关违法或不当的具体行政行为；同时，也可以发现具体行政行为所依据的行政规范性文件是否与法律、法规和规章相抵触。

（二）非诉性

与司法审查不同，行政复议主要采用书面审查的方式。《行政复议法》第二十二条规定："行政复议原则上采取书面审查的办法，但是申请人提出要求或者行政复议机关负责法制工作的机构认为有必要时，可以向有关组织和人员调查情况，听取申请人、被申请人和第三人的意见。"书面审查是指行政复议机关审理复议案件时，仅就复议案件的书面材料进行审查。这里的书面材料主要指复议申请书和复议答辩书。书面审查时，行政复议机关仅结合有关证据对申请人向行政复议机关递交的复议申请书和被申请人提交的答辩状进行复议，可不传唤申请人或被申请人，证人以及其他复议参加人也可不必到场。

（三）层级性

行政复议机关是指有权受理行政复议申请，依法对具体行政行为进行审查并作出裁决的行政机关。依照《行政复议法》的规定，对引起行政争议的具体行政行为依法享有行政复议权的主要是上级行政机关，只有在某种特殊情况下才由原行政机关行使行政复议权。

(四)救济性

在现代社会,行政权呈现不断扩张的趋势,行政活动已深入国家管理和社会生活的各个方面,并直接与公民、法人和其他组织的切身利益相联系。由于主观或客观原因,行政主体出现违法或者不当行政行为,侵害了行政相对人的合法权益,造成了实际损害,此时,国家就有必要为受到损害的相对人提供必要的救济。行政复议正是基于这种需要而产生的,其基本宗旨就是保障公民、法人和其他组织的合法权益不受违法或不当行政行为的侵害。

(五)司法性

行政复议实质上是一种行政行为,但从公正解决行政争议的要求出发又具有准司法性,即"行政复议既有行政性质也有司法行为与程序的性质、特征,行政复议不同于纯粹的行政,也不同于司法诉讼那样的纯粹的司法制度,它是具有双重色彩的行为与程序",其主要表现在:行政复议权与司法权的行使一样,都必须遵循"不告不理"的规则,即如果没有行政相对人依法提出复议申请,就不能开始行政复议程序。在行政复议中,复议机关作为第三方对行政机关和行政相对人之间的行政纠纷进行审查并作出裁决,其地位类似于法院在司法审判中的地位。行政复议机关在复议过程中要适用严格的法定程序,带有强烈的司法程序色彩。行政复议的最终目的是解决行政争议,其内容和实质就是解决争议,而解决争议就是司法行为的功能。因而行政复议也是一种行政司法行为或称之为"准司法行为"。

四、行政复议的基本原则

行政复议的基本原则,是指由宪法和法律规定的,反映行政复议的基本特点,贯穿《行政复议法》及行政复议活动的始终,并对行政复议具有普遍指导意义,体现并反映着行政复议的客观规律和《行政复议法》的精神实质的基本原则。根据行政复议基本原则的概念及特征,结合我国《行政复议法》总则部分的具体规定，我国行政复议制度遵循以下基本原则：合法原则、公正原则、公开原则、及时原则、便民原则、有错必纠原则、一级复议原则和诉讼终局原则。

（一）合法原则

合法原则是指行政复议机关在行使行政复议权时必须合法。

行政复议主体必须合法，即行政复议机关是依法律、法规赋予行政复议权的行政机关，并对管理的行政争议案件具有行政复议的管辖权。

行政复议的程序必须合法。行政复议机关在受理行政复议申请、调查取证、审查具体行政行为，以及作出行政复议的决定等各个环节，都需要严格按照法律规定的程序和期限办理。

行政复议的依据必须合法。行政复议机关在审理行政复议案件时，所依据的法律、行政法规必须是现行有效的。

（二）公正原则

公正原则是指行政复议机关在办理行政复议案件时，应当以公正、平等的态度对待复议双方当事人，不能偏袒任何一方。公正原则对行政复议机关的具体要求为：行政复议机关对不合法的具体行政行为应当予以撤销或确认违法；对明显不公正的具体行政行为应当依法进行变更，必要时还可以责令被申请人重新作出具体行政行为；行政复议机关应当查明所有与复议案件有关的事项，并作出准确的定性；对被申请的具体行政行为所适用的法律条款应当作出正确的判断，如有不确定的法律概念，应当根据立法目的和指导作出公正的解释；行政复议机关应当合理地行使复议自由裁量权，将申请人和被申请人置于平等的地位上，给予双方相同的陈述理由和发表意见的机会，依据事实和法律对具体行政行为是否适当作出合乎情理、公正、客观的处理。

（三）公开原则

公开原则是指行政复议机关在审理行政复议案件的活动中，除涉及国家机密、个人隐私和商业秘密外，关于复议案件的受理、调查、审理、决定等一切活动，都应当尽可能地向当事人和社会公开，即行政复议案件争议的内容和相关材料公开、行政复议过程公开、行政复议的法律依据和复议行为规则公开、行政复议结果公开。行政复议活动公开可以使社会各界了解行政复议的基本情况，避免暗箱操作等腐败现象发生，增强社会公众对行政复议的信任度，从而保障行政复议制度发挥应有的作用。

（四）及时原则

及时原则是指行政复议机关应当严格按照《行政复议法》所规定的受理、审理、作出决定的期限尽快完成复议案件的审理工作。这项原则不仅要求复议机关在法定期限内作出裁决，同时还要求复议机关督促、监督复议参加人及时参加复议，提高行政复议的效率。

《行政复议法》第十七条规定："行政复议机关收到行政复议申请后，应当在五日内进行审查，对不符合本法规定的行政复议申请，决定不予受理，并书面告知申请人；对符合本法规定，但是不属于本机关受理的行政复议申请，应当告知申请人向有关行政复议机关提出。除前款规定外，行政复议申请自行政复议机关负责法制工作的机构收到之日起即为受理。"

《行政复议法》第三十一条规定："行政复议机关应当自受理申请之日起六十日内作出行政复议决定；但是法律规定的行政复议期限少于六十日的除外。情况复杂，不能在规定期限内作出行政复议决定的，经行政复议机关的负责人批准，可以适当延长，并告知申请人和被申请人；但是延长期限最多不超过三十日。"

《行政复议法》的上述规定，能够保障行政复议机关对行政复议案件及时有效地审查并作出行政复议决定。

（五）便民原则

便民原则是指行政复议机关在行政复议活动中应尽力为复议当事人特别是复议申请人提供便利条件，保证其充分地行使复议方面的各项权利，从而保证行政复议合法、正当、有效地展开。具体而言，行政复议的一切规定都应尽量便于行政相对人申请行政复议。在行政复议过程中要尽量为复议当事人参加行政复议活动提供方便，避免其耗费不必要的时间、财力和精力。《行政复议法》规定，申请行政复议可以书面申请，也可以口头申请；行政复议不收取费用；对县级以上地方各级人民政府工作部门的具体行政行为不服的，可以向该部门的本级人民政府申请行政复议，也可以向上一级主管部门申请行政复议。这些规定均体现了便民原则。

（六）有错必纠原则

有错必纠原则是指行政机关发现原行政机关的行政行为错误、违法的，必须及时予以纠正；有权机关发现行政复议机关及行政复议人员在行政复议中有违法、违纪行为的，也必须及时纠正。有错必纠原则是各级行政复议机关审理行政复议案件所必须遵守的基本要求。只有做到有错必纠，才能保障法律、法规得到正确的实施，达到法律、法规调整社会关系的本来目的。行政复议既要纠正行政机关违法实施的行政行为，也要纠正行政机关及其工作人员不当实施的自由裁量行为。

（七）一级复议原则

一级复议原则是指行政复议一般只能复议一次，法律有特殊规定的除外（如对国务院部门或者省、自治区、直辖市人民政府的具体行政行为不服的，申请复议后对复议结果不服的，可以向国务院申请裁决，由国务院依照法律规定作出最终裁决），复议申请人不得向更高的行政机关再申请复议。

（八）诉讼终局原则

诉讼终局原则（或称司法最终原则）是指行政复议活动是行政机关内部层级监督与救济的重要方式之一，但不是最终的救济方式。如果当事人对行政复议决定不服，除法律另有规定的外，可以向人民法院提起诉讼，通过司法途径来维护自己的合法权益。人民法院经审理后作出的终审裁决为发生法律效力的最终决定。该原则是确定行政复议与行政诉讼关系的重要准则。

五、行政复议与行政诉讼的区别

行政诉讼是公民、法人或者其他组织认为行政主体的具体行政行为侵犯了其合法权益,依法向人民法院提起诉讼,人民法院依照法定程序对具体行政行为的合法性进行审查并作出裁决的活动。行政诉讼和行政复议都是根据行政相对人的请求,解决行政争议的法律救济途径。二者的目的都是补救行政行为所引起的消极后果,恢复行政行为侵害的利益。二者的区别主要表现在以下几个方面:一是性质不同,行政复议是行政机关在行政系统内部审查行政争议的一种具体行政行为,而行政诉讼则是人民法院审理行政案件,解决行政争议的一种司法行为。二是受理机关不同,行政复议的受理机关是作出具体行政行为的行政机关的上一级行政机关或者法律规定的其他行政机关,而行政诉讼只能由有审判权的人民法院受理。三是受案范围不同,行政复议的受案范围宽于行政诉讼。按照《行政复议法》的规定,行政复议机关受理的行政案件既可以是行政违法案件,也可以是行政不当案件,在符合法律规定的情况下,行政法规、规章之外的抽象行政行为也可纳入行政复议的受理范围。而按照《行政诉讼法》的规定,人民法院所受理的行政案件只是公民、法人或者其他组织认为行政机关或法律、法规授权组织的具体行政行为侵害其合法权益的案件。四是审查内容不同,行政复议可以对具体行政行为的合法性以及适当性进行全面审查处理,还可以对行政法规、规章之外的抽象行政行为进行审查;而行政诉讼一般只对具体行政行为的合法性进行审查,不对具体行政行为的适当性进行审查,只有在行政处罚显失公平的情况下,才可以通过行政判决予以变更。五是审理程序不同,行政复议一般实行一级复议原则,且以书面复议为主,如果当事人对复议机关的复议决定不服,除法律有特殊规定以外,不得再要求复议;而行政诉讼则要求遵循严格的司法程序,实行两审终审制。

第二节 行政复议的范围

行政复议的范围是指行政复议机关受理行政争议案件的范围,即指公民、法人或者其他组织认为行政机关作出的行政行为侵犯了其合法权益,可以依法向行政复议机关请求重新审查的范围。行政复议的范围决定了哪些行政行为可以成为行政复议的对象，关系到公民、法人或者其他组织通过行政复议获得行政救济的深度和广度。《行政复议法》通过以下两种方式扩大行政复议的范围：一是扩大复议机关受理的行政行为的范围，包括具体行政行为和抽象行政行为；二是扩大《行政复议法》所保护的公民、法人或其他组织的权利范围。《行政复议法》采取了概括加列举的方法，明确规定了可申请行政复议的行政行为和不可申请行政复议的行政行为。

一、可以申请行政复议的具体行政行为

根据《行政复议法》第六条的规定，可以申请行政复议的具体行政行为有以下几种：

第一，对行政机关作出的行政处罚决定不服的。行政处罚，是指具有行政处罚权的行政机关、法定授权组织或者行政委托组织依法对公民、法人或者其他组织违反行政法律规范，但尚未构成犯罪的行为给予制裁的行政行为。我国大量的行政管理法律、法规和规章都规定有行政处罚。1996年3月17日，第八届全国人大第四次会议通过的《行政处罚法》系统地对行政处罚的设定、种类、实施机关、处罚程序等作了规定，是行政主体实施行政处罚的主要法律依据。公民、法人或者其他组织对行政机关作出的警告、罚款、没收违法所得、没收非法财产、责令停产停业、暂扣或吊销许可证、暂扣或吊销执照、行政拘留等行政处罚决定不服的，都可以申请行政复议。

第二，对行政机关作出的行政强制措施不服的。行政强制措施，是指行政机关在实施行政管理过程中，为了预防、制止某种违法行为，控制某种危险状态，或者为保全证据，保证行政调查工作的顺利进行，而对行政相对人的人身、财产等实施暂时性控制的行政行为。行政强制措施与公民、法人或者其他组织的人身权或财产权密切相关。对行政机关作出的限制人身自由或者查封、扣押、冻结财产等行政强制措施决定不服的，都可以申请复议。与行政强制措施相近的一种行政行为是行政强制执行。行政强制执行是指公民、法人或者其他组织不履行行政义务时，行政机关依法强制其履行或使之达到与履行义务相同状态的行为。虽然行政强制执行是为了保护行政决定的履行而采取的强制行

为，但错误的强制执行措施同样会侵犯公民、法人或者其他组织的人身权或财产权，因此，也需要给予法律救济。依照我国现有的行政强制执行制度，行政强制执行主要由行政机关向人民法院申请行政强制执行，只有少数行政机关具有法律赋予的行政强制执行权，如公安、海关、税务等行政机关。因此，当事人对于人民法院依照司法程序采取的强制执行措施不服的，可以通过司法途径寻求救济；对于行政机关违法采取行政强制执行措施的，当事人既可以通过司法途径获得救济，也可以申请行政复议寻求救济。

　　第三，对行政机关作出的有关许可证、执照、资质证、资格证等证书的变更、中止、撤销决定不服的。许可证和执照是指行政机关根据行政相对人的申请颁发的允许其从事某种活动的书面证明。许可证和执照的适用范围非常广泛，涉及社会生活的各个方面。资质证一般是指企业或其他组织能够从事某种活动的能力证明。它主要在一些特定行业中实行，如建筑业对建筑企业的资质要求。资格证书是公民具备某种能力的书面证明，也是其能够从事某项工作的前提条件。资格证书主要是对一些职业的要求，如从事医师职业要有医师资格、从事律师职业要有律师资格等。许可证、执照、资质证、资格证等，都是公民、法人或者其他组织能够从事某种活动所必需的证明文件，没有这些证书，公民、法人或者其他组织就不能从事相应的活动。因此，行政机关不得违法变更、中止、撤销公民、法人或者组织的许可证、执照、资质证、资格证等证书。当事人对行政机关作出的有关许可证、执照、资质证、资格证等证书变更、中止、撤销的决定不服的，可以申请行政复议。

　　第四，对行政机关作出的关于确认自然资源所有权或使用权的决定不服的。行政机关确认自然资源所有权或使用权的行为，属于一种行政确权行为，是指行政机关对公民、法人或者其他组织之间就土地、矿藏、水流、森林、山岭、草原、荒地、滩涂、海域等自然资源的所有权或者使用权的归属而发生的争议依法予以确认裁决的具体行政行为。根据我国法律规定，土地、矿藏、水流、森林、山岭、草原、荒地、滩涂、海域等自然资源，属于国家所有或者集体所有。对于国家所有或者集体所有的自然资源，公民、法人或者其他组织可以依法取得使用权。根据《中华人民共和国土地管理法》《中华人民共和国草原法》《中华人民共和国森林法》《中华人民共和国渔业法》《中华人民共和国矿产资源法》等法律的规定，对土地、矿藏等自然资源的所有权或使用权予以确认和核发证书，是县级以上各级人民政府的法定职权。公民、法人或者其他组织对各级政府关于确认土地、矿藏、水流、森林、山岭、草原、荒地、滩涂、海域等的所有权或者使用权归属的决定不服的，可以申请行政复议。

第五，认为行政机关侵犯合法的经营自主权的。经营自主权是指市场主体依法享有的自主调配和使用其人力、财力和物力的权利。在市场经济体制下，享有经营自主权的市场参与主体主要包括个体经营户、农村承包经营户、各类企业和经济组织，以及实行企业化管理的事业单位。经营自主权的内容主要有对所经营财产的占有、使用、收益和处分权，生产经营计划权，物资选购权，财务管理权，劳动管理权，产品销售权，工资津贴管理权，经营方式选择权等。赋予市场主体经营自主权，使其真正成为自主经营、自负盈亏的商品生产者和经营者，是建立社会主义市场经济的内在要求，是深化经济体制改革的重要环节。经营自主权是法律、法规赋予市场主体的法定权利，理应受到法律保护。公民、法人或者其他组织认为行政机关侵犯其合法的经营自主权的，可以申请行政复议。

第六，认为行政机关变更或者废止农业承包合同，侵犯其合法权益的。农业承包合同是指农村集体经济组织与其内部成员及其他承包者之间为从事农业、林业、畜牧业和渔业等生产经营活动而签订的明确双方在生产、经营、分配过程中权利、义务关系的书面协议，如土地承包合同、荒地承包合同、林地承包合同等。农业承包合同涉及农民的切身利益，故合同的订立、变更、终止要严格依法进行。农业承包合同一经依法签订即具有法律效力，合同双方当事人应当按照合同的规定行使权利、履行义务，任何一方不得任意变更或者废止合同。农业承包合同的订立和履行有时也会牵涉国家利益或者社会公共利益。行政机关作为公共利益的判断者，在国家政策发生变化或者当事人在履行合同中的行为已经损害或者将要损害公共利益时，可以对农业承包合同进行相应的变更，即对合同双方的权利义务关系进行调整，在特定情况下，行政机关甚至可以废止农业承包合同，使其失去效力。但是，如果行政机关违法或者不当地行使变更、废止农业承包合同的权利，侵犯承包人的合法权益，承包人有权依法申请行政复议。

第七，认为行政机关违法要求履行义务的。行政相对人的义务必须由法律事先规定，如果行政机关在法律规定之外要求行政相对人履行义务，这种具体行政行为就属于行政复议的受案范围。例如，行政机关违法集资、违法征收财物、乱摊派费用等。被行政机关违法要求履行义务的行政相对人有权申请行政复议。违法要求履行义务的行为主要表现为：在法律规定之外，行政机关自行制定规范性文件为行政相对人设定某种义务或无任何依据要求行政相对人履行义务；超出法律规定的种类、幅度和方式要求行政相对人履行义务；重复要求行政相对人履行义务；违反法定程序要求行政相对人履行义务。

第八，认为行政机关不依法办理行政许可事项的。行政许可是行政机关根据公民、法人或者其他组织的申请，允许其从事某项活动的具体行政行为，是行政管理的重要手段。行政许可包括颁发许可证、执照、资质证、资格证、准许证、特许证、登记证等，还包括审批、核准、注册等。依法取得许可是公民、法人或者其他组织的权利。如果符合法定条件，申请行政机关颁发许可证、执照、资质证、资格证等证书，或者申请行政机关审批、登记有关事项，行政机关没有依法办理的，公民、法人或者其他组织有权申请行政复议。

第九，认为行政机关不履行保护人身权、财产权、受教育权的法定职责的。人身权是指与公民人身相关的权利，包括人格权和身份权。其中人格权包括生命权、身体权、健康权、姓名权、名称权、名誉权、肖像权、隐私权；身份权包括亲权、配偶权、亲属权、荣誉权。财产权是指有一定物质内容，直接体现为经济利益的权利，包括物权、债权、知识产权等。受教育权是指公民达到一定年龄并具备可以接受教育的智力时，通过学校或者其他教育设施和途径学习科学文化知识的权利。人身权、财产权和受教育权都是受宪法保护的公民权利。而且我国还通过其他法律，将保护公民、法人或者其他组织的人身权、财产权或者受教育权的职责具体落实到不同的行政机关，如保护人身权、财产权主要是公安机关的职责，保护受教育权主要是教育行政部门的职责等。因此，行政机关的法定职责是指法律规定的应当履行的职责和义务，而不是其他规范性文件规定的职责，也不是行政相对人认为行政机关应当履行的义务。行政机关不依法履行保护人身权、财产权、受教育权的法定职责一般分为两种情况：拒绝履行和不予答复。公民、法人或者其他组织申请行政机关履行保护人身权、财产权或者受教育权的法定职责，行政机关拒绝履行或者不予答复的，属于行政不作为，行政相对人有权申请行政复议。

第十，认为行政机关未依法发放抚恤金、社会保险金或者最低生活保障费的。发放抚恤金、社会保险金或者最低生活保障费是行政机关实施的行政给付行为。抚恤金是指公民因公或者因病致残或死亡时，发给本人或其家属的生活费用。我国的抚恤金主要有两种：一种是伤残抚恤金，发放对象是因工致伤、致残者本人；另一种是遗属抚恤金，发放对象为革命烈士、因公牺牲或其他死亡人员的家属。社会保险金是指公民在失业、年老、疾病、生育、工伤等情况发生时，向社会保障机构申请领取的社会救济金。社会保险金包括养老保险金、失业保险金、医疗保险金、工伤保险金和生育保险金。最低生活保障费是指各地行政机关根据本地经济水平向家庭人均收入低于当地政府公告的最低生活标准的人口发放的维持其基本生活需要的生活费用。依照法定条件领取抚恤金、社会保障金和最低生活保障费是公民享受社会保障的一项权利，行政机关没有依法发放抚恤金、社会保障金和最低生活保障费的，公民有权申请行政复议。

第十一，认为行政机关的其他具体行政行为侵犯其合法权益的。除了上述列举的可能侵犯公民、法人或者其他组织合法权益的十种具体行政行为以外，还可能出现其他侵犯公民、法人或者其他组织合法权益的具体行政行为。因此，《行政复议法》规定，公民、法人或者其他组织认为行政机关的其他具体行政行为侵犯其合法权益的，有权申请行政复议。这项规定是一项兜底性的规定，其目的是更好地保护公民、法人或者其他组织的合法权益。这表明只要公民、法人或者其他组织认为行政机关的具体行政行为侵犯了其合法权益，就可以申请行政复议。

二、可申请附带行政复议的抽象行政行为

抽象行政行为是指行政主体针对不特定的对象制定的具有普遍约束力的规范性文件或者发布行政决定、命令的行为。抽象行政行为与具体行政行为密不可分，抽象行政行为是具体行政行为的依据和源头，要纠正违法和不当的具体行政行为，就应当从源头开始审查和纠正。如果抽象行政行为可能侵犯公民、法人或者其他组织的合法权益，就应当为其提供权利救济的途径。因此，《行政复议法》将一部分抽象行政行为纳入行政复议的范围。

可以申请行政复议的抽象行政行为限于规章以下（不包括规章）的规定。

根据《行政复议法》的规定，国务院的行政法规、国务院部门规章和地方政府规章不属于行政复议的审查范围。行政法规和规章的审查依照法律、行政法规办理。

对抽象行政行为提出复议审查请求必须以对具体行政行为的复议申请为前提。当规章以下的规范性文件成为某种具体行政行为的依据并引起行政争议时，公民、法人或者其他组织不能单独就规范性文件提出审查请求，必须是在对具体行政行为提出复议申请时，附带性提出对规范性文件的审查请求，而不是单独提出请求。但在实践中可能会出现这样的情况，即申请人先对具体行政行为申请复议，之后又认为有关抽象行政行为有问题，这时再提出来，要求复议机关一并审查，此时，行政复议机关应该受理对于该抽象行政行为的复议申请。《中华人民共和国行政复议法实施条例》（以下简称《行政复议实施条例》）规定："申请人在对具体行政行为提出行政复议申请时尚不知道该具体行政行为所依据的规定的，可以在行政复议机关作出行政复议决定前向行政复议机关提出对该规定的审查申请。"

对抽象行政行为的审查是一种行政的间接附带审查。所谓间接审查，是指复议机关在对具体行政行为进行审查时不能根据复议程序本身直接对该具体行政行为所依据的行政规定进行审查。《行政复议法》第二十六条规定了对抽象行政行为进行审查的最基本的处理程序，即"申请人在申请行政复议时，一并提出对本法第七条所列有关规定的审查申请的，行政复议机关对该规定有权处理的，应当在三十日内依法处理；无权处理的，应当在七日内按照法定程序转送有权处理的行政机关依法处理，有权处理的行政机关应当在六十日内依法处理。处理期间，中止对具体行政行为的审查"。

其中，按照第二种转送程序处理的，在经转送后开始的对抽象行政行为的处理权限和程序，自然是与复议机关的复议审查权限和程序相分离的。而在第一种行政复议机关有权处理的程序中，处理权限和复议审查权限的主体是统一的，但是，对行政规定的处理程序也不直接适用《行政复议法》所规定的程序。《行政复议法》第二十六条规定，在对抽象行政行为进行处理的期间，中止对具体行政行为的审查。可见，对抽象行政行为的审查不纳入对具体行政行为的审查程序，所以它是一种间接的审查制度。

对抽象行政行为的申请复议内容仅限于该行为是否合法，而不包括适当性问题。因为抽象行政行为原本是普遍适用的，是对各种不同利益和要求所做出的一种整合，其间也只能是以大多数人的利益为选择结果，因此，在一部分利益主体的判断中，可能是不适当的，而且这种情况几乎存在于每一个抽象行政行为的形成过程中。在这种情况下，如果允许对抽象行政行为是否适当提出审查申请，是不可行的。

三、不能申请行政复议的行政行为

根据《行政复议法》的规定，对行政机关的下列行为，不能申请行政复议：

第一，不服行政机关作出的行政处分或者其他人事处理决定的。行政处分是行政机关对其工作人员作出的警告、记过、记大过、降级、撤职、开除等惩戒决定。其他人事处理决定是行政机关对工作人员作出的录用、考核、奖励、辞退、职务升降、职务任免等决定。就性质而言，行政机关所作的行政处分或者其他人事处理决定均属于内部行政行为。根据我国法律法规的规定，工作人员对所属行政机关所作的行政处分或者其他人事处理决定不服的，应当向本行政机关、上级行政机关、监察机关、人事部门提起内部申诉，而不能申请行政复议。

第二，不服行政机关作出的对民事纠纷的调解或者其他处理行为的。通常情况下，民事纠纷是可以通过仲裁机构或人民法院处理的。鉴于有些民事纠纷与行政管理关系密切，且专业性、技术性较强，我国法律规定了行政机关先行调解和处理民事纠纷的制度。行政机关调解、处理民事纠纷是一种居间行为，行政机关以第三人的身份为民事争议的双方当事人调停、斡旋，促使当事人友好协商，达成协议，从而解决纠纷。由于行政机关的先行调解处理行为不是争议的最终裁决程序，主要起到拓宽纠纷解决渠道和提高纠纷解决效率的作用，因而当事人不服行政机关对民事纠纷的调解、处理行为的，只能依法向仲裁机构申请仲裁或者向人民法院提起诉讼。

此外，对国防、外交等国家行为不服的，不能申请行政复议。

第三节　行政复议机关与管辖

一、行政复议机关

（一）行政复议机关的概念

行政复议机关是指依照法律的规定，有权受理行政复议的申请，依法对被申请的行政行为进行合法性、适当性审查，并作出决定的行政机关。行政复议机关是行政复议活动的主持者，是保证行政复议功能得以充分发挥的重要角色。对此，《行政复议法》第三条规定："依照本法履行行政复议职责的行政机关是行政复议机关。"

行政复议机关具有以下特征：一是行政复议机关是国家行政机关。非行政机关或法律法规授权的组织不能成为行政复议机关。二是行政复议机关是享有行政复议权的行政机关。行政机关不一定都有行政复议权，只有依法享有行政复议权的行政机关才能成为行政复议机关，如县以上各级人民政府都享有行政复议权，而对于乡、镇人民政府等行政机关，《行政复议法》就没有授予其行政复议权。三是行政复议机关必须是能以自己的名义行使行政复议权，并对其复议行为的后果独立承担法律责任的行政机关。

（二）行政复议机关的类型

根据我国现行法律、法规的规定，行政复议机关主要有三类：

1. 原处理机关

原处理机关，即作出原具体行政行为的行政复议机关。《行政复议法》第十四条规定:"对国务院部门或者省、自治区、直辖市人民政府的具体行政行为不服的,向作出该具体行政行为的国务院部门或者省、自治区、直辖市人民政府申请行政复议。"由原处理机关进行复议,省时省力,可以避免重复工作,提高行政效率。但弊端亦显而易见,由自己判断自己作出的决定是否合法、公正,受自身理念、素质等因素局限,难以保证复议的公正性。因此,这种行政复议机关比较少见。

2. 上一级机关

上一级机关,即作出原具体行政行为的行政机关的上一级行政机关。如果作出具体行政行为的是地方政府,则由其上一级政府作为行政复议机关。如果作出具体行政行为的是政府工作部门,其上一级行政机关有两种:一是其所属的本级政府,二是其上一级主管部门。由作出原具体行为的行政机关的上一级机关作为行政复议机关,在我国最为普遍,其优势体现在两方面:其一,避免了"自己做自己的法官",有助于保证复议的公正性;其二,复议机关的行政地位高于处理机关,便于复议裁决的贯彻执行。

3. 内设复议机关

这种复议机关在我国有两种,即设在国家商标局内的"商标评审委员会"和设在国家专利局内的"专利复审委员会"。其主要特点有三点:一是这种机构由法律特设,采用委员会制,以少数服从多数原则作出裁决;二是把解决行政争议和民事纠纷融为一体;三是这种复议机关虽然设在原处理机关内,但它自成体系,复议裁决以自己的名义作出。

(三)行政复议机构

与行政复议机关相关的是行政复议机构。行政复议机构是指享有行政复议权的行政机关内部设立的一种专门负责行政复议案件受理、审查和裁决工作的办事机构。行政复议机构本身不具有行政主体资格,不能以自己的名义对外行使职权,只能以行政复议机关的名义进行行政复议审理并作出行政复议决定。行政复议机构对其所属的行政复议机关负责。

二、行政复议管辖

（一）行政复议管辖概述

1. 行政复议管辖的概念

行政复议管辖是指各级行政复议机关受理行政复议案件的权限和分工。"管辖是行政复议机关复议活动发生的基础，也是其复议活动合法化的前提。"它解决的是行政相对人对具体行政行为提起行政复议后，应该由哪一个行政复议机关来行使行政复议权的问题。确定行政复议管辖，既要考虑到方便当事人行使行政复议申请权，又要有利于行政复议机关迅速、准确地解决行政争议，有利于加强上级对下级行政机关的监督，促进依法行政。

行政复议管辖不同于行政复议的范围。行政复议的范围是指行政复议机关有权审理行政争议案件的范围，解决的是行政复议机关与人民法院以及其他国家机关处理行政争议的分工和权限问题，而行政复议管辖则是在确定行政复议范围以后，解决某个具体的行政争议案件由行政系统内部哪一级、哪一个行政机关受理的问题。

2. 影响行政复议管辖制度的因素

行政复议管辖的确定一般要考虑下列因素：一是要与行政机关内部领导体制相适应，便于行政机关行使行政复议权；二是要坚持便民原则，尽可能便利复议申请人提出申请或参加复议；三是要兼顾各级行政机关分担行政复议工作量。

《行政复议法》在总结经验的基础上，规定了以"块块"为主、"条条"为辅的复议管辖体制。在明确申请人的管辖选择权的基础上，倾向于鼓励申请人向本级人民政府申请复议。同时对实行垂直领导的行政机关规定了"条条"管辖体制。这些规定，扩大了行政复议当事人对行政复议管辖机关的自主选择权，充分体现了行政复议的便民原则。

（二）我国行政复议管辖的具体适用

从立法上看，行政诉讼领域对行政诉讼管辖的分类是比较科学、完整的，但由于行政复议立法的复杂性，行政复议管辖无法照搬行政诉讼分类的全部内容，不过仍然可以从便于分析和准确把握条文的角度出发，借鉴其中的相关概念，来研究行政复议管辖的问题，将《行政复议法》第十二至十五条的规定，划分为法定管辖和裁定管辖。

1. 法定管辖

法定管辖是由法律、行政法规直接规定复议案件受理机关的管辖，主要分为一般管辖和特殊管辖。

（1）一般管辖，即上一级管辖，指按照上下级隶属关系原则确定行政复议管辖，主要有以下三类：

一是对县级以上各级人民政府工作部门的具体行政行为不服的复议管辖。《行政复议法》第十二条的规定："对县级以上地方各级人民政府工作部门的具体行政行为不服的，由申请人选择，可以向该部门的本级人民政府申请行政复议，也可以向上一级主管部门申请行政复议。对海关、金融、国税、外汇管理等实行垂直领导的行政机关和国家安全机关的具体行政行为不服的，向上一级主管部门申请行政复议。"例如，公民、法人或者其他组织对县卫生局的行政处罚决定不服的，既可以向县人民政府申请行政复议，也可以向县卫生局的上一级主管部门市卫生局申请行政复议；公民、法人或者其他组织对省税务局作出的冻结财产的行政强制措施不服而申请行政复议的，由国家税务总局管辖。实行垂直领导的行政机关还有省级以下工商行政管理部门和技术监督部门。

二是对地方各级人民政府的具体行政行为不服的复议管辖。《行政复议法》第十三条的规定："对地方各级人民政府的具体行政行为不服的，向上一级地方人民政府申请行政复议。"另外，我国地方组织法规定，省、自治区的人民政府在必要的时候，经国务院批准，可以设立若干派出机关。这些派出机关（地区行政公署或者盟）在省、自治区的范围内设立，受省、自治区人民政府的委托，管理下级行政机关工作并负责办理各项事宜。《行政复议法》针对我国这一特殊的行政管理方式作出了专门规定，即公民、法人或者其他组织对由省、自治区的派出机关（地区行政公署或者盟）管理下的县级人民政府作出的具体行政行为不服而申请行政复议的，应当向该派出机关（地区行政公署或者盟）提出。这一规定符合我国当前的行政管理状况，也符合行政复议的便民原则。

三是对国务院部门或省级人民政府的具体行政行为不服的复议管辖。《行政复议法》第十四条的规定："对国务院部门或者省、自治区、直辖市人民政府的具体行政行为不服的,向作出该具体行政行为的国务院部门或者省、自治区、直辖市人民政府申请行政复议。对行政复议决定不服的,可以向人民法院提起行政诉讼;也可以向国务院申请裁决,国务院依照本法的规定作出最终裁决。"对于这一规定的理解,需要把握以下三点:第一,不服国务院部门或省级人民政府的具体行政行为申请行政复议,必须先向国务院部门或省级人民政府申请行政复议,对复议决定还不服的,才可以向国务院申请裁决,而不能直接向国务院申请裁决。这是因为,先由原机关复议一次,便于它们自己及时纠正其不当或违法的具体行政行为,也有利于维护申请人的合法权益,同时,还可以减轻国务院的工作压力。第二,对国务院部门或省级人民政府"自己复议自己"的复议决定不服的,申请人有权选择向人民法院提起行政诉讼,也有权选择向国务院申请裁决。第三,申请人如果选择向国务院申请裁决,则国务院依法作出的裁决是最终的裁决,对此不能再提起行政诉讼。

(2)特殊管辖。我国行政机构的设置比较复杂,除政府及其工作部门外,其他机构或者组织也可以行使管辖权。现行行政体制和具体行政行为的多样性、复杂性,要求对一些特殊情况采取特殊管辖。《行政复议法》第十五条对特殊管辖作了规定,主要包括以下类型:

一是不服地方人民政府派出机关所作具体行政行为的复议管辖。《行政复议法》第十五条规定:"对县级以上地方人民政府依法设立的派出机关的具体行政行为不服的,向设立该派出机关的人民政府申请行政复议。"根据这一规定,对由行政公署的具体行政行为引起的复议案件,只能由设立该行政公署的省、自治区人民政府管辖;对由区公所的具体行政行为引起的复议案件,只能由设立该区公所的县、自治县人民政府管辖;对由街道办事处的具体行政行为引起的复议案件,只能由设立该街道办事处的市辖区和不设区的市人民政府管辖。

二是不服政府工作部门设立的派出机构以自己的名义作出的具体行政行为的复议管辖。《行政复议法》第十五条规定:"对政府工作部门依法设立的派出机构依照法律、法规或者规章规定,以自己的名义作出的具体行政行为不服的,向设立该派出机构的部门或者该部门的本级地方人民政府申请行政复议。"这一规定表明,在派出机构中,只有依法设立并依照法律、法规或者规章规定,以自己的名义作出具体行政行为的派出机构,才可以成为行政复议的被申请人。申请人对该派出机构作出的具体行政行为不服的,可以选择向设立派出机构的部门申请复议，也可以选择向该部门的本级地方人民政府申请复议。由于派出机构不能以自己的名义独立行使行政管理职权，因此，其作出的具体行政行为被视为设立该派出机构的部门的一种委托具体行政行为，对这类派出机构的具体行政行为不服的，按照一般管辖的规定申请行政复议，即按对政府工作部门的具体行政行为不服的情形处理，申请人既可以向该部门的上一级主管部门申请复议，也可以选择向该部门的本级人民政府申请复议。

三是不服法律、法规授权的组织所作的具体行政行为的复议管辖。《行政复议法》第十五条规定："对法律、法规授权的组织的具体行政行为不服的，分别向直接管理该组织的地方人民政府、地方人民政府工作部门或者国务院部门申请行政复议。"法律、法规授权的组织本身并不是行政机关，但是由于它们得到了法律、法规的授权，使它们取得了某一方面的行政管理权，获得了行政主体资格，因此，它们能够以自己的名义独立地对外行使行政职权，也能够以自己的名义独立地承担因行使行政管理权所引起的法律责任。

四是不服两个或两个以上行政机关以共同名义作出的具体行政行为的复议管辖。《行政复议法》第十五条规定："对两个或者两个以上行政机关以共同的名义作出的具体行政行为不服的，向其共同上一级行政机关申请行政复议。"共同行政行为的基本特点是：第一，具体行政行为的主体是两个或两个以上的行政机关；第二，该具体行政行为是由两个或两个以上的行政机关以共同名义作出的。

五是不服被撤销的行政机关在其被撤销前作出的具体行政行为的复议管辖。《行政复议法》第十五条规定："对被撤销的行政机关在撤销前所作出的具体行政行为不服的，向继续行使其职权的行政机关的上一级行政机关申请行政复议。"在实践中，无论行政主体资格丧失还是转移，原行政机关在其被撤销前作出的具体行政行为仍然具有法律效力，行政相对人在对该具体行政行为不服时有权申请行政复议。行政机关被撤销后，如果没有继续行使其职权的行政机关存在，这时应当由作出撤销决定的行政机关充当复议被申请人，由作出撤销决定的行政机关的上一级行政机关行使复议管辖权。只有这样，才能充分保护行政相对人的合法权益，促使行政机关依法行政，防止行政机关规避应当承担的法律责任，保证行政复议立法目的的实现。

2. 裁定管辖

裁定管辖是相对法定管辖而言的。凡不是法律、行政法规直接规定，而是由行政机关直接作出裁决或者确立复议管辖机关的，就是裁定管辖。行政复议的裁定管辖包括移送管辖和指定管辖。

（1）移送管辖，是指行政复议机关对已经受理的行政复议案件，经审查后发现自己对该案件无管辖权时，将案件移送到有管辖权的复议机关管辖的一种法律制度。其本质是无管辖权的复议机关在受理了不属于自己管辖的案件后采取的一种纠正措施，而不是管辖权的转移。

移送管辖必须具备以下三个条件：一是移送的案件必须是已经受理的案件。如果复议机关对某一行政案件尚未受理，则谈不上有关该案的移送管辖问题。通常是复议机关已经受理了复议申请，在审查时发现该案不属于自己管辖，依法应转送给有管辖权的复议机关。二是移送的机关对该复议案件没有管辖权。复议管辖是以复议机关对相对人申请的复议案件有管辖权为前提的，如果没有管辖权，复议机关就不能对复议案件进行审理，也不能对复议申请作出复议决定。因此，复议机关只有在没有管辖权的情况下，才将复议案件移送给有管辖权的复议机关。三是受移送的复议机关对该复议案件有管辖权。移送管辖的目的是纠正复议管辖中出现的错误，避免没有管辖权的复议机关对复议案件审理造成损失。因此，复议机关在运用移送管辖时，必须将复议案件移送给有管辖权的复议机关，如受移送的复议机关认为自己也无管辖权时，不得再自行转送给别的复议机关或退回转送的复议机关，而应当报请上一级行政机关指定管辖，以免影响行政相对人依法行使行政复议申请权和复议机关对案件的及时审理。

（2）指定管辖，是指对某一行政复议案件，上级行政机关或同级政府以裁定的方式，指定某一行政机关管辖。指定管辖能够有效地解决因管辖权不明确而发生的争议，有利于案件的及时解决和保障复议申请人的合法权益。

《行政复议法》对指定管辖没有作出明确规定，从行政复议的实践来看，具体情况有以下两种：一是行政复议机关因特殊原因不能行使管辖权，或行使管辖权确有困难。特殊原因包括法律上的原因和事实上的原因，前者如工作人员全部回避，后者如不可抗力。二是行政复议机关因复议案件管辖发生争执，且协商不成，由它们共同的上一级行政机关指定管辖。

第四节　行政复议参加人

行政复议参加人是指与被申请的具体行政行为有利害关系而参加行政复议的当事人以及与当事人地位相似的人，包括申请人、被申请人、第三人、复议代理人等。

一、行政复议申请人

（一）行政复议申请人的概念

行政复议申请人，是指认为行政机关的具体行政行为侵害其合法权益，依法以自己的名义向行政复议机关提出行政复议申请的公民、法人或者其他组织。并非所有的公民、法人或者其他组织都可以申请行政复议，根据《行政复议法》第十条的规定，行政复议申请人必须满足以下条件：

申请人必须是行政相对人。行政相对人包括公民、法人或其他组织，以及外国人、无国籍人。判断申请人是否符合该条件，需要准确把握行政相对人的范围。行政相对人是国家行政管理活动所指向或影响的人。就具体的行政复议案件而言，行政相对人不但包括行政行为的直接相对人，而且包括间接相对人。直接相对人是直接承受具体行政行为的人，如行政处罚中的受处罚人等；间接相对人则是具体行政行为在对直接相对人发生法律效力的同时，其合法权益受到影响的人。如果认为行政相对人仅指直接相对人，则过于注重当事人与行政行为形式上的直接对应关系，可能会使有些权利不能得到有效救济，使某些具体行政行为得不到及时纠正。如果将行政相对人的范围扩大，包括直接相对人和间接相对人，则有利于全方位保护公民、法人和其他组织的合法权益。强调当事人与行政行为的实质关系，实际上也加强了对具体行政行为的监督力度，符合当前法律制度改革的价值取向。

申请人是认为具体行政行为侵犯其合法权益的行政相对人。从申请人的主观意愿角度考虑，如果申请人不认为具体行政行为侵犯了其合法权益，则不可能作为复议申请人。这是因为，作为行政相对人的公民、法人或者其他组织，如果对行政机关的具体行政行为没有异议，并不认为行政机关的具体行政行为侵犯了其合法权益，那么，就不存在行政争议，也就不存在通过行政复议来解决行政争议的问题。当然，这里的"认为"只是申请人的一种主观认识，至于具体行政行为是否确实违法并侵犯了其合法权益，则必须等到行政复议机关审查后才能确定。

申请人必须是以自己的名义申请行政复议的公民、法人或其他组织。如果以他人的名义申请行政复议，则是复议代理人。

（二）行政复议申请人资格的转移

一般情况下，行政复议申请人资格是法律赋予特定人的，即具体行政行为的相对人或者合法权益受具体行政行为侵犯的人，是不以当事人的意志为转移的。但是，在法律规定的例外情况下，如《行政复议法》第十条规定的情形，申请人资格可以转移，这种转移就承受方而言就是资格的承受、继承。

1. 行政复议申请人转移的条件

根据《行政复议法》第十条的规定，行政复议申请人因有申请人资格的主体在法律上不复存在而发生转移，主要表现为以下两种情形：有权申请行政复议的公民死亡的，其近亲属可以申请行政复议。近亲属包括配偶、父母、子女、兄弟姐妹、祖父母、外祖父母、孙子女、外孙子女。有权申请行政复议的法人或者其他组织终止的，承受其权利的法人或者其他组织可以申请行政复议。

2. 申请人转移的法律后果

申请人资格转移后，获得申请权的公民、法人或者其他组织都是以自己的名义申请复议的，并在复议过程中享有权利、承担义务，其法律地位是完全意义上的申请人，而非申请人的代理人。申请人资格转移后，作为承受者既然承受的是一种资格，就有权按自己的意志而不是被承受者的意志行事，既可以申请复议，也可以不申请，还可以主动撤回申请。当然，如果参加已经开始的复议，前申请人的行为对承受人有拘束力。

（三）《行政复议法实施条例》新规定

《行政复议法实施条例》结合实践经验，对申请人作出了新的具体规定，主要有以下几种情形：

合伙企业申请行政复议的，应当以核准登记的企业为申请人，由执行合伙事务的合伙人代表该企业参加行政复议；其他合伙组织申请行政复议的，由合伙人共同申请行政复议。

不具备法人资格的其他组织申请行政复议的，由该组织的主要负责人代表该组织参加行政复议；没有主要负责人的，由共同推选的其他成员代表该组织参加行政复议。

股份制企业的股东大会、股东代表大会、董事会认为行政机关作出的具体行政行为侵犯企业合法权益的，可以企业的名义申请行政复议。需要注意的是，股东大会、股东代表大会以及董事会是以企业名义而不是以自己名义申请行政复议；与行政诉讼相区别，法定代表人不能以自己名义或企业名义申请行政复议；能够以企业名义申请行政复议的企业，其内部机构不包含监事会和总经理。

同一行政复议案件，申请人超过5人的，推选1~5名代表参加行政复议。

二、行政复议被申请人

（一）行政复议被申请人的概念

被申请人，是指作出被申请复议的具体行政行为的行政主体。在行政复议中，被申请人与申请人是相对应的概念。被申请人必须具备以下条件：

被申请人必须是行政主体。只有行政主体在行使行政职权、履行行政职责、作出具体行政行为时，才有可能与相对人产生行政争议，并且能够承担由此产生的法律责任，因此，行政复议被申请人只能是行政主体。具体执行行政职务的工作人员、行政机关的内部机构等都不能作为行政复议被申请人。

行政复议被申请人必须是作出被申请复议的具体行政行为的行政主体。只有作出被申请复议的具体行政行为的行政主体才能提供作出该具体行政行为的事实根据和法律根据，有利于查清案情。另外，行政主体也必须对自己的行为承担责任。

作为行政复议被申请人必须同时具备以上两个条件，但在不同情况下，针对不同的具体行政行为，行政复议被申请人亦有所不同。

（二）被申请人的种类

根据《行政复议法》和其他法律法规的规定，被申请人主要有以下几种情况：

申请人对行政机关作出的具体行政行为不服，直接申请复议的，该行政机关是被申请人；两个或两个以上的行政机关以共同名义作出同一具体行政行为的，共同作出具体行政行为的行政机关是共同被申请人；法律、法规授权的组织以自己的名义作出的具体行政行为引起行政复议的，该组织是被申请人；受行政机关委托的组织和个人以委托机关的名义作出的具体行政行为引起行政复议的，作为委托人的行政机关是被申请人；作出具体行政行为的行政机关被撤销后，当事人对该机关原来作出的行为不服，申请复议的，继续行使其职权的行政机关是被申请人。

三、行政复议第三人

（一）行政复议第三人的概念

行政复议第三人，是指因与被申请复议的具体行政行为有利害关系，以自己的名义申请或者由复议机关通知，参加已经开始、尚未结束的行政复议的公民、法人或者其他组织。《行政复议法》第十条规定："同申请行政复议的具体行政行为有利害关系的其他公民、法人或者其他组织，可以作为第三人参加行政复议。"设立行政复议第三人制度，主要是为了实现并案审理，减少不必要的行政复议；同时也有利于复议机关查清案件事实，避免矛盾决定，维护复议权威。

行政复议第三人具有以下特征：

行政复议第三人同被申请复议的具体行政行为有利害关系，也就是说被申请复议的具体行政行为可能影响第三人在法律上或事实上的权利义务。但正如申请人申请行政复议的原因一样，第三人的这种利害关系也是第三人的主观认识。

第三人是在行政复议开始后、结束前，经过行政复议机关批准参加到复议中的。在行政复议尚未开始或者复议已经结束，包括复议机关已作出裁决时，均不存在第三人参加复议的情况。

第三人是以自己的名义并为了维护自己的合法权益而参加行政复议的。

行政复议第三人在行政复议中具有独立的法律地位。在行政复议中，第三人不依附于申请人和被申请人，享有与申请人基本相同的复议权利。

（二）行政复议第三人的种类

从行政复议的实践来看，行政复议第三人通常包括以下几种：

行政处罚案件中的被处罚人或受害人。在行政处罚案件中有被处罚人和受害人，被处罚人不服行政处罚而申请复议，受害人作为第三人参加复议；如果受害人申请复议，则被处罚人可以作为第三人参加复议。

行政处罚案件中的共同被处罚人。行政处罚案件中行政机关对两个或两个以上相对人作出处罚，其中部分被处罚人申请复议，则没有申请复议的被处罚人可以作为第三人参加复议。

行政裁决、行政确权等案件的当事人。在不服行政裁决、行政确权的复议案件中，被裁决、确权的民事纠纷的一方当事人申请复议，其他方当事人可以作为第三人参加复议。例如，土地确权案件中，某市政府确认某土地的使用权为甲所有，乙不服并申请复议，要求撤销市政府的确权决定，这时甲面临着可能失去该土地使用权的危险，因而可以作为第三人参加复议。

两个或两个以上行政机关基于同一事实，针对相同的相对人作出相互矛盾的具体行政行为，行政相对人就其中一个行政机关申请复议，其他的行政机关可以作为第三人参加复议；行政机关与非行政机关（不具有行政主体资格）共同署名作出一个具体行政行为，相对人申请复议的，行政机关作为被申请人，非行政机关可以作为第三人参加复议。行政机关因越权被申请行政复议时，被越权的行政机关可以作为第三人参加复议。

四、行政复议代理人

（一）行政复议代理人的概念

行政复议代理人，是指由法律、法规规定，或由复议机关指定，或由复议参加人委托，以被代理人的名义参加复议活动的人。

《行政复议法》第十条的规定标志着我国行政复议代理制度的确立，其与民法代理制度所不同的是，出于行政复议的便民原则，行政复议代理人的范围更广。

设立行政复议代理人制度的意义在于：其一，使无民事行为能力或限制民事行为能力的当事人能够参加行政复议，维护自身权益；其二，可以为缺乏法律知识，或因时间、地点等原因难以亲自参加行政复议的当事人提供帮助；其三，促使行政复议机关合法、及时审理复议案件，解决行政纠纷。

（二）行政复议代理人的主要类型

行政复议代理人可以分为法定代理人、指定代理人和委托代理人。

法定代理人，是指直接依据法律规定，代表无民事行为能力人或限制民事行为能力人参加行政复议的人。《行政复议法》第十条规定："有权申请行政复议的公民为无民事行为能力人或者限制民事行为能力人的，其法定代理人可以代为申请行政复议。"

指定代理人，是指根据复议机关指定，代表无民事行为能力或限制民事行为能力的当事人参加行政复议的人。《行政复议法》对指定代理人未作明确的规定，但实践中仍存在指定代理人的情况。例如，当两个或两个以上的法定代理人在互相推诿代理无民事行为能力或限制民事行为能力的公民参加复议的责任时，行政复议机关就应指定其中一人履行法定代理职责，其代理权限相当于法定代理人。

委托代理人，是指接受申请人、第三人或他们的法定代理人委托，代表委托人参加行政复议的人。《行政复议法》第十条规定："申请人、第三人可以委托代理人代为参加行政复议。"这一条明确规定了委托代理制度。据此，申请人、第三人除自己参加行政复议活动以外，还可以基于自己的意愿，委托他人在其授权的范围内参加行政复议，以便更好地维护自己的合法权益。但问题是，作为被申请人的行政机关能否委托代理人。关于这一点，学术界存在分歧。实际情况是，被申请人作为行政机关，其行政首长为法定代表人，而具体参与特定行政复议案件审理的工作人员，是被申请人的代表人。这些人虽然不是法定代表人，但属于受法定代表人委托，代表被申请人参加行政复议的被申请人的工作人员。我们从理论上分析，此做法符合委托代理的特征，应被视为委托代理。

第五节　行政复议程序

一、行政复议申请

行政复议申请，也称行政复议的提起，是指行政相对人认为具体行政行为侵犯其合法权益，依法向行政复议机关提出请求，要求对该具体行政行为的合法性、适当性进行审查，并要求改变或撤销该具体行政行为，以保护其合法权益的行为。由于行政复议是一种依申请的行政行为，因此，行政相对人的复议申请是行政复议活动必经的起始程序，是行政复议的第一个环节。行政复议申请是从行政相对人方面而言的，与之对应的则是从行政复议机关而言的受理。

（一）申请复议的条件

《行政复议法》关于申请的规定包括实体和程序两个方面，实体方面体现于该法第二章关于行政复议范围的规定；程序方面则集中规定于该法第三章，主要包括申请行政复议的条件、时限、复议申请人及其范围、复议申请的形式等内容。申请复议的条件具体如下：

第一，申请人合格。《行政复议法》第九条规定："公民、法人或者其他组织认为具体行政行为侵犯其合法权益的，可以自知道该具体行政行为之日起六十日内提出行政复议申请；但是法律规定的申请期限超过六十日的除外。"这一要求是行政复议申请的首要条件。

第二，有明确的被申请人。相对人申请行政复议必须指明被申请人，即作出具体行政行为侵犯其合法权益的行政主体。这一要求实际上也是出于维护申请人自身合法权益的需要。被申请人是任何一个复议案件都不可缺少的复议参加人。没有明确的被申请人，复议机关可以拒绝受理。如果复议机关受理后认为被申请人不合格，则可以依法要求其更换。

第三，有具体的复议请求和事实根据。复议请求是申请人申请复议所要达到的目的，如要求复议机关解决哪些具体问题，保护自己的哪些具体权益和提供哪些具体救济。复议请求主要有四种情况：一是请求撤销违法的具体行政行为决定；二是请求变更不适当的具体行政行为决定；三是请求责成被申请人限期履行法定职责；四是请求确认具体行政行为违法或责令被申请人赔偿损失。具体复议请求可以是一个，也可以是多个。申请人提出申请，还必须提出一定的事实根据，即证明行政主体作出具体行政行为的材料、能够支持其复议请求的材料以及其他材料。

第四，属于复议范围和受理复议机关管辖。《行政复议法》第六条、第八条对哪些事项可以申请复议，哪些事项不能申请复议分别作了规定。申请人向复议机关申请复议，应当按照这些规定进行。如果申请人所要解决的问题不属于申请复议的范围，其行政复议申请就不会被复议机关受理。

第五，复议管辖范围是法定的。申请人必须向有管辖权的复议机关提出复议申请。复议机关对不属于自己管辖的复议案件，应当告知申请人向有管辖权的复议机关提出申请。

第六，法律、法规规定的其他条件。法律、法规对申请复议的条件是有特别规定的，申请人还应具备相应的特别条件。这里包含两层意思：一是法律、法规规定的特殊条件，如《中华人民共和国税收征收管理法》第八十八条规定："纳税人、扣缴义务人、纳税担保人同税务机关在纳税上发生争议时，必须先依照税务机关的纳税决定缴纳或者解缴税款及滞纳金或者提供相应的担保，然后可以依法申请行政复议；对行政复议决定不服的，可以依法向人民法院起诉。"也就是说，对税务机关的征税行为不服而申请复议的特殊条件是先纳税等，否则不能申请复议。二是必须依法处理行政复议与行政诉讼的关系。在没有复议前置的情况下，可以申请复议，也可以直接提起行政诉讼。但《行政复议法》第十六条规定："公民、法人或者其他组织向人民法院提起行政诉讼，人民法院已经依法受理的，不得申请行政复议。"

（二）申请复议的期限

申请人必须在法定期限内提出行政复议申请。如果超过了法定的申请期限，申请复议的权利就不再受法律保护了。《行政诉讼法》第九条规定："公民、法人或者其他组织认为具体行政行为侵犯其合法权益的，可以自知道该具体行政行为之日起六十日内提出行政复议申请；但是法律规定的申请期限超过六十日的除外。""知道该具体行政行为之日"，是指公民、法人或者其他组织通过法定途径，准确地获知具体行政行为作出及其内容的时间。《行政复议法实施条例》对此作了细化规定：一是当场书面决定。当场作出具体行政行为的，自具体行政行为作出之日起计算。二是直接送达决定。载明具体行政行为的法律文书直接送达的，自受送达人签收之日起计算。三是邮寄送达决定。载明具体行政行为的法律文书邮寄送达的，自受送达人在邮件签收单上签收之日起计算；没有邮件接收单的，自受送达人在送达回执上签名之日起计算。四是公告送达决定。具体行政行为依法通过公告形式告知受送达人的，自公告规定的期限届满之日起计算。五是事后补充告知。行政机关作出具体行政行为时未告知公民、法人或者其他组织，事后补充告知的，自该公民、法人或者其他组织收到行政机关补充告知的通知之日起计算。六是未制作、未送达决定书。被申请人能够证明公民、法人或者其他组织知道具体行政行为的，自证据材料证明其知道具体行政行为之日起计算。

（三）申请复议的形式

《行政复议法》第十一条规定："申请人申请行政复议，可以书面申请，也可以口头申请；口头申请的，行政复议机关应当当场记录申请人的基本情况、行政复议请求、申请行政复议的主要事实、理由和时间。"书面申请和口头申请具有同等的效力。但无论是书面申请还是口头申请，都应符合诉状的一般要求。若申请人采用的是书面形式，申请书应当记载如下内容：申请人的姓名、性别、年龄、民族、籍贯、职业和住所，法人或者其他组织的名称、住所和法定代表人或者主要负责人的姓名、职务；作为被申请人的行政机关的名称、地址、法定代表人等；复议请求、申请复议的主要事实和理由；提出申请复议的时间。除了写明上述事项外，还应写明收受申请书的复议机关的名称，最后由申请人签名或盖章。复议申请书需要有正本和副本，正本递交给复议机关，并按被申请人人数提出副本，由复议机关发送被申请人。复议机关发现复议申请书中应记明的事项有欠缺的，应通知申请人予以补正。

二、行政复议的受理

行政复议的受理，是指复议机关接受复议申请人的申请，并决定进行审理的行为。行政复议的受理意味着行政复议程序的正式启动。公民、法人或者其他组织认为行政主体的具体行政行为侵犯其合法权益，提出行政复议申请时，除不符合《行政复议法》规定的申请条件的，行政复议机关必须受理。

如果行政复议申请材料不齐全或者表述不清楚，行政复议机关可以自收到该行政复议申请之日起五日内书面通知申请人补正。补正通知应当载明需要补正的事项和合理的补正期限。无正当理由逾期不补正的，视为申请人放弃行政复议申请。补正申请材料所用时间不计入行政复议审理期限。

申请人就同一事项向两个或者两个以上有权受理的行政机关申请行政复议的，由最先收到行政复议申请的行政机关受理；同时收到行政复议申请的，由收到行政复议申请的行政机关在十日内协商确定；协商不成的，由其共同的上一级行政机关在十日内指定受理机关。协商确定或者指定受理机关所用时间不计入行政复议审理期限。

公民、法人或者其他组织依法提出行政复议申请，行政复议机关无正当理由不予受理的，上级行政机关应当责令其受理；必要时，上级行政机关也可以直接受理。

三、行政复议的审理

行政复议的审理，是指行政复议机关对受理的具体行政行为进行合法性和适当性审查的过程和相关活动。行政复议的审理是行政复议程序的核心，直接关系到行政复议案件的最终处理结果。行政复议的审理主要包括以下程序和内容：

（一）行政复议审理前的准备

行政复议机关负责法制工作的机构应当自行政复议申请受理之日起七日内，将行政复议申请书副本或者行政复议申请笔录复印件发送被申请人。被申请人应当自收到申请书副本或者申请笔录复印件之日起十日内，提出书面答复，并提交当初作出具体行政行为的证据、依据和其他有关材料。申请人、第三人可以查问被申请人提出的书面答复以及作出具体行政行为的证据、依据和有关材料，除涉及国家秘密、商业秘密或者个人隐私外，行政复议机关不得拒绝。

（二）行政复议的审理方式和审查内容

1. 行政复议的审理方式

行政复议原则上采取书面审查的办法，但是申请人提出要求或者行政复议机构认为有必要时，可以实地调查核实证据，向有关组织和人员调查情况，听取申请人、被申请人和第三人的意见。调查取证时，行政复议人员不得少于2人，并应当向当事人或者有关人员出示证件。行政复议机构审理行政复议案件，应当由2名以上行政复议人员参加。对重大、复杂的案件，申请人提出要求或者行政复议机构认为有必要时，可以采取听证的方式审理。

2. 行政复议的审查内容

一是审查行政复议被申请人作出的具体行政行为的合法性；二是审查行

政复议被申请人作出的具体行政行为的适当性；三是审查行政复议被申请人作出的具体行政行为所依据的规范性文件的合法性。

（三）行政复议审理中的特殊情况

第一，复议申请的撤回。申请人在行政复议决定作出前自愿撤回行政复议申请的，经行政复议机构同意，可以撤回。撤回行政复议申请的，行政复议终止。

第二，申请人撤回行政复议申请的，不得再以同一事实和理由提出行政复议申请。但是，申请人能够证明撤回行政复议申请违背其真实意思表示的除外。

第三，申请人与被申请人的和解。公民、法人或者其他组织对行政机关行使法律、法规规定的自由裁量权作出的具体行政行为不服申请行政复议，申请人与被申请人在行政复议决定作出前自愿达成和解的，应当向行政复议机构提交书面和解协议；和解内容不损害社会公共利益和他人合法权益的，行政复议机构应当准许。

第四，行政复议的中止。行政复议期间有下列情形之一，影响行政复议案件审理的，行政复议中止：作为申请人的自然人死亡，其近亲属尚未确定是否参加行政复议的；作为申请人的自然人丧失参加行政复议的能力，尚未确定法定代理人参加行政复议的；作为申请人的法人或者其他组织终止，尚未确定权利义务承受人的；作为申请人的自然人下落不明或者被宣告失踪的；申请人、被申请人因不可抗力，不能参加行政复议的；案件涉及法律适用问题，需要有权机关作出解释或者确认的；案件审理需要以其他案件的审理结果为依据，而其他案件尚未审结的；其他需要中止行政复议的情形。

行政复议中止的原因消除后，应当及时恢复行政复议案件的审理。行政复议机构中止、恢复行政复议案件的审理，应当告知有关当事人。

第五，行政复议的终止。行政复议期间有下列情形之一的，行政复议终止：申请人要求撤回行政复议申请，行政复议机构准予撤回的；作为申请人的自然人死亡，没有近亲属或者其近亲属放弃行政复议权利的；作为申请人的法人或者其他组织终止，其权利义务的承受人放弃行政复议权利的；申请人与被申请人依照《行政复议法实施条例》第四十条的规定，经行政复议机构准许达成和解的；申请人对行政拘留或者限制人身自由的行政强制措施不服申请行政复议后，因申请人同一违法行为涉嫌犯罪，该行政拘留或者限制人身自由的行政强制措施变更为刑事拘留的。

（四）行政复议的审理期限

行政复议的审理期限，是指行政复议机关自受理复议申请之日起到作出行政复议决定的时限，包括抽象行政行为的审理期限和具体行政行为的审理期限两种。

一是抽象行政行为的审理期限。根据《行政复议法》第二十六条的规定，申请人在申请行政复议时，一并提出对具体行政行为所依据的规范性文件进行审查申请的，行政复议机关对该规范性文件有权处理的，应当在三十日内依法处理；无权处理的，应当在七日内按照法定程序转送有权处理的行政机关依法处理，有权处理的行政机关，应当在六十日内依法处理。处理期间，中止对具体行政行为的审查。

二是具体行政行为的审理期限。《行政复议法》第三十一条规定："行政复议机关应当自受理申请之日起六十日内作出行政复议决定；但是法律规定的行政复议期限少于六十日的除外。情况复杂，不能在规定期限内作出行政复议决定的，经行政复议机关的负责人批准，可以适当延长，并告知申请人和被申请人；但是延长期限最多不超过三十日。"

四、行政复议决定

行政复议决定，是指行政复议机关对复议案件进行审理后作出的处理行为，其性质也是一种具体行政行为。根据《行政复议法》第二十八条的规定，行政复议机关中负责法制工作的机构应当对被申请人作出的具体行政行为进行审查，提出意见，经行政复议机关的负责人同意或者集体讨论通过后，根据不同的情况分别作出不同的行政复议决定。行政复议机关作出行政复议决定后，应当制作行政复议决定书，并加盖印章。

（一）对抽象行政行为审查后的处理决定

根据《行政复议法》的规定，在行政复议中，除了对国务院部委规章和地方人民政府规章的审查要依照法律、行政法规的相关规定办理外，申请人在申请行政复议时，可申请复议机关对作出具体行政行为所依据的国务院部门规定、县级以上地方各级人民政府及其工作部门的规定，以及乡、镇人民政府的规定进行审查。

复议机关对规范性文件一般可以从主体是否合法、内容是否合法、程序是否合法三方面进行审查。经过审查后，复议机关如果认为规范性文件不合法，应视下列不同情况分别予以处理：规范性文件是下级行政机关制定的，可以责令下级行政机关限期撤销或修改，也可以由复议机关直接作出决定予以撤销；规范性文件是复议机关制定的，应直接作出决定予以撤销或修改；规范性文件是上级行政机关制定的，应当逐级报请制定机关对规范性文件作出解释或处理。

（二）对具体行政行为审查后的处理决定

根据《行政复议法》和《行政复议法实施条例》的规定，行政复议机关应当对被申请人作出的具体行政行为进行审查，提出意见，经行政复议机关的负责人同意或者集体讨论通过后，按照下列规定作出行政复议决定。

第一，维持决定。具体行政行为认定事实清楚，证据确凿，适用依据正确，程序合法，内容适当的，行政复议机关应当决定维持。

第二，履行决定。被申请人不履行法定职责的，行政复议机关应当决定其在一定期限内履行法定职责。

第三，撤销、变更决定。具体行政行为有下列情形之一的，行政复议机关应当决定撤销、变更或者确认该具体行政行为违法：主要事实不清、证据不足的；适用依据错误的；违反法定程序的；超越或者滥用职权的；具体行政行为明显不当的。决定撤销或者确认该具体行政行为违法的，可以责令被申请人在一定期限内重新作出具体行政行为。另外，被申请人未依照《行政复议法》的有关规定提出书面答复，未提交当初作出具体行政行为的证据、依据和其他有关材料的，视为该具体行政行为没有证据、依据，行政复议机关应当决定撤销该具体行政行为。

第四，确认违法决定。该决定主要适用于既无法维持，又无法撤销、变更的一些具体行政行为的情况，具体包括：效力已经灭失的具体行政行为；无效的具体行政行为，如越权或滥用职权作出的具体行政行为；行政主体侵权行为，如行政主体在执法过程中致人受伤害或损坏物品的行为。

第五，赔偿决定。申请人在申请行政复议时一并提出行政赔偿请求的，行政复议机关对符合《国家赔偿法》有关规定的应当给予赔偿；在决定撤销、变更具体行政行为或确认具体行政行为违法时，应当同时决定被申请人依法给予赔偿。申请人在申请行政复议时没有提出行政赔偿请求的，行政复议机关在依法决定撤销或变更罚款，撤销违法集资、没收财物、征收财物、摊派费用，以及对财产的查封、扣押、冻结等具体行政行为时，应当同时责令被申请人返还财产，解决对财产的查封、扣押、冻结措施，或者作出赔偿相应价款的决定。

第六，驳回行政复议请求决定。有下列情形之一的，行政复议机关应当决定驳回行政复议申请：申请人认为行政机关不履行法定职责申请行政复议，行政复议机关受理后发现该行政机关没有相应法定职责或者在受理前已经履行法定职责的；受理行政复议申请后，发现该行政复议申请不符合《行政复议法》规定的受理条件的。

应当注意的是，行政复议机关在申请人的行政复议请求范围内，不得作出对申请人较原裁决更为不利的决定。也就是说，行政复议机关对行政相对人不服具体行政行为而申请行政复议的案件，原则上不能将复议申请人置于更加不利的境地，既不能加重对复议申请人的处罚或给予更多义务，也不能减损复议申请人的既得权利或利益。

（三）调解结案

《行政复议法实施条例》增加了"调解"作为行政决定方式之一。《行政复议法实施条例》第五十条规定，有下列情形之一的，行政复议机关可以按照自愿、合法的原则进行调解：① 公民、法人或者其他组织对行政机关行使法律、法规规定的自由裁量权作出的具体行政行为不服申请行政复议的；② 当事人之间的行政赔偿或者行政补偿纠纷。

当事人经调解达成协议的，行政复议机关应当制作行政复议调解书。调解书应当载明行政复议请求、事实、理由和调解结果，并加盖行政复议机关印章。行政复议调解书经双方当事人签字，即具有法律效力。

调解未达成协议或者在调解书生效前一方反悔的，行政复议机关应当及时作出行政复议决定。

（四）行政复议决定的效力

行政复议决定的效力，是指行政复议决定所产生的法律效果和执行力。《行政复议法》第三十一条规定："行政复议决定书一经送达，即发生法律效力。"对这一规定应做全面理解。

行政复议决定书必须送达复议当事人，即申请人和被申请人，并由当事人或当事人依法委托的人签收，否则不发生法律效力。对送达的方式，法律未作明确规定，实际工作中应采用当场宣布或直接送达的方式。

复议申请一经作出，申请人不得再次就同一事实和理由申请复议。我国的行政复议实行一级复议制，除非法律另有规定，对引起争议的具体行政行为只经一级行政复议机关复议即可结案。我国单行法律中对于特殊情况下可以实行二级复议制的规定很少，只是适用一级复议制原则的例外。比之行政诉讼的两审终审制，一级复议制体现了在行政领域解决争议简便、快捷的特点。

在法律规定行政复议决定为最终决定的情况下，无论申请人的意思表示如何，复议决定一经送达即发生法律效力，申请人不得再提起行政复议。除法律规定的终局复议外，申请人对行政复议决定不服的，可以在收到复议决定书之日起十五日内或者法律、行政法规规定的其他期限内向人民法院提起行政诉讼。那么，在法定诉讼时效内，行政复议决定是否发生法律效力呢？我们认为，答案是肯定的。因为行政复议是一种行政行为，鉴于行政行为的公定力，即使申请人向人民法院提起诉讼，在人民法院对复议决定作出否定的裁判之前，复议决定依然具有法律效力，不能停止执行。对于这一点，《行政诉讼法》第五十六条已有明确的规定。

五、行政复议决定的执行

执行是行政复议程序的最后一个环节，只有当行政复议决定的内容得到具体执行，行政复议程序才宣告终结。按照《行政复议法》的规定，被申请人应当履行行政复议决定。被申请人不履行或者无正当理由拖延履行行政复议决定的，行政复议机关或者有关上级行政机关应当责令其限期履行。申请人逾期不起诉又不履行行政复议决定的，或者不履行最终裁决的行政复议决定的，按照下列规定分别处理：维持具体行政行为的行政复议决定，由作出具体行政行为的行政机关依法强制执行或者申请人民法院强制执行；变更具体行政行为的行政复议决定，由行政复议机关依法强制执行或者申请人民法院强制执行。

第六章　行政赔偿

第一节　行政赔偿概述

一、行政赔偿的概念和特征

行政赔偿是指行政主体及其工作人员行使职权时，侵犯了公民、法人或者其他组织的合法权益并造成了损害，由法律规定的赔偿义务机关依法对被害人予以赔偿的制度。

行政赔偿制度对于规范、监督和制约行政主体及其工作人员的行政行为，促进依法行政，保障公民、法人或其他组织的合法权益，保证行政管理目标的顺利实现，具有重要、深远的意义。

行政赔偿是国家赔偿的一种类型，主要具有以下特征：

第一，行政赔偿的主体是国家，即赔偿责任由国家承担，具体表现为行政主体及其工作人员的侵权行为对公民、法人或者其他组织的合法权益所造成的损害由国家给予赔偿，赔偿的费用来自国库，但具体的赔偿义务由法定赔偿义务机关履行。

第二，行政赔偿的产生主要以行政主体及其工作人员违法行使职权为前提。这里的违法行使职权既包括作为违法，也包括不作为违法。违法行使职权行为包括具体行政行为和与行政机关及其工作人员行使行政职权有关的，给公民、法人或者其他组织造成损害的，违反行政职责的行为。

第三，行政赔偿以行政主体及其工作人员行使职权并造成实际损害为条件。行政赔偿是行政侵权的直接法律后果，是行政主体行使行政职权，侵犯公民、法人或者其他组织的合法权益并造成损害而依法必须承担的赔偿责任。因此，仅有行政侵权行为的存在，还不足以产生行政赔偿的法律关系，只有实际存在现实的损害才会引起行政赔偿，无损害则无赔偿。

第四，行政赔偿的请求人是其合法权益受到行政侵权行为损害的公民、法人或其他组织。凡是合法权益受到行政主体及其工作人员违法行使职权行为侵害的行政相对人，都有权依法向有关机关请求行政赔偿。

第五，行政赔偿必须依法进行。依法赔偿是行政赔偿的一项基本原则。依法赔偿既表现在程序上，也表现在实体上。《国家赔偿法》对于行政赔偿的范围和有关程序的规定是进行行政赔偿的法律依据。根据《国家赔偿法》的规定，如果致害行为是法律规定可以免责的行为，则受害人不能请求行政赔偿。

二、行政赔偿与相关概念的区别

（一）行政赔偿与国家赔偿的区别

国家赔偿是指国家机关及其工作人员在行使职权过程中侵犯公民、法人或其他组织的合法权益造成损害的，由国家承担赔偿责任，对受害人予以赔偿的制度。根据《国家赔偿法》的规定，国家赔偿由行政赔偿和以刑事赔偿为主要内容的司法赔偿两部分构成。国家赔偿的侵权主体既包括行政机关和法律、法规授权的组织，也包括检察机关、审判机关等。因此，行政赔偿只是国家赔偿的一部分。

（二）行政赔偿与行政补偿的区别

行政补偿是指对于行政主体及其工作人员在管理公共事务的过程中因合

法行为给公民、法人或其他组织造成特别的损失,由国家给予补偿的制度。行政赔偿与行政补偿的区别主要表现在以下四个方面:

第一,产生的原因不同。行政赔偿主要是由行政主体及其工作人员的违法行为引起的,而行政补偿则是由行政主体及其工作人员的合法行为引起的。

第二,性质不同。行政赔偿是国家对行政主体及其工作人员的违法行使职权行为承担的一种法律责任;而行政补偿则是一种例外责任,目的在于为因公共利益而遭受特别损失的公民、法人或其他组织提供合理的补偿。

第三,发生的时间不同。行政赔偿只能在行政侵权行为造成实际损害之后发生,即公民、法人或其他组织只能就现实的、已经发生的损害请求行政赔偿;而行政补偿既可以发生在遭受实际损害之前,也可以发生在遭受实际损害之后,如土地征用补偿一般是先补偿后征用。

第四,承担责任的方式不同。行政赔偿以金钱赔偿为原则,但也可以采取恢复原状、返还财产等责任方式;而行政补偿一般采取支付一定数额的金钱的方式。

(三)行政赔偿与民事赔偿的区别

民事赔偿是由平等民事主体之间的侵权行为或违约等原因引起的民事责任。行政赔偿与民事赔偿的区别主要表现在以下四个方面:

第一,赔偿的主体不同。行政赔偿的主体是国家,但具体的赔偿义务由法定的赔偿义务机关履行,赔偿主体与赔偿义务人相互分离;民事赔偿的主体是由公民、法人或其他组织构成的民事主体,赔偿主体与赔偿义务人通常是一致的。

第二,赔偿发生的原因不同。行政赔偿是行政侵权行为的法律后果,主要是由行政主体及其工作人员的违法行为引起的;而民事赔偿是民事侵权行为或违约产生的法律后果。

第三,归责原则不同。行政赔偿的归责原则主要是违法原则;而民事赔偿的归责原则主要是过错原则,并以无过错责任和公平原则为补充。

第四,赔偿的程序不同。行政赔偿程序可以分成先行处理程序和诉讼程序,除在行政诉讼和行政复议中一并提起行政赔偿请求外,请求人如果单独提出行政赔偿请求,应先向赔偿义务机关提出,不经该决定程序的,人民法院不予受理；而民事赔偿中，受害人可以直接向人民法院提出赔偿请求。

（四）行政赔偿与司法赔偿的区别

司法赔偿是指国家司法机关及其工作人员在行使职权的过程中，侵犯公民、法人或其他组织的合法权益造成损害的，由国家承担赔偿责任的制度。司法赔偿可以分为刑事赔偿和非刑事司法赔偿。刑事赔偿是指行使侦查、检察、审判、监狱管理职权的机关及其工作人员在办理刑事案件过程中行使职权，侵犯公民、法人或其他组织的合法权益造成损害的，依法由国家予以赔偿的制度。非刑事司法赔偿是指人民法院在民事、行政诉讼过程中，违法采取对妨害诉讼的强制措施、保全措施或者对判决、裁定及其他生效法律文书执行错误，侵犯公民、法人或其他组织的合法权益造成损害的，依法由国家予以赔偿的制度。行政赔偿与司法赔偿的区别主要表现在以下三个方面：

第一，引起赔偿的侵权主体不同。行政赔偿中的侵权主体是行使行政职权，使公民、法人或其他组织的合法权益遭受损害的相应行政主体（包括行政机关及其工作人员，法律法规授权的组织及其工作人员）；司法赔偿中的侵权主体是行使司法职权并造成公民、法人或其他组织的合法权益损害的司法机关（包括国家公安机关、安全机关、军队保卫部门、检察机关、审判机关、监狱管理机关及其工作人员）。

第二，赔偿的原因不同。行政赔偿是由行政主体的行政侵权行为造成的，而司法赔偿是由司法主体的侵权行为造成的。

第三，赔偿的程序不同。行政赔偿分为先行处理程序和诉讼程序，司法赔偿分为刑事赔偿和非刑事赔偿。刑事赔偿的赔偿程序分为刑事赔偿义务机关处理前置程序、刑事赔偿复议程序和人民法院赔偿委员会的最终决定程序，非刑事赔偿的赔偿程序则由人民法院内部设立的赔偿委员会处理。

三、行政赔偿的构成要件

行政赔偿的构成要件是指国家承担行政赔偿责任所应具备的条件。根据《国家赔偿法》的规定，行政赔偿的构成要件主要有以下四项：

（一）侵权行为主体要件

根据我国《国家赔偿法》的规定，行政赔偿中的侵权行为主体有两种。

第一，国家行政机关。行政机关是国家行政事务的管理机关，依法行使行政权。在实践中，行政侵权行为多由国家行政机关的工作人员所为，但由于行政机关的工作人员是以行政机关的名义作出该侵权行为的，是代表国家行政机关行使行政职权的，因此其行为后果由所在行政机关承担。《国家赔偿法》规定："行政机关及其工作人员行政行使职权侵犯公民、法人和其他组织的合法权益造成损害的，该行政机关为赔偿义务机关。"

第二，法律、法规授权的组织。法律、法规授权的组织作为行政主体之一，以自己的名义作出行政行为，并独立承担法律后果，因此，也会因违法行使法律、法规赋予的特定职权而成为行政侵权行为主体。《国家赔偿法》规定："法律、法规授权的组织在行使授予的行政权力时侵犯公民、法人和其他组织的合法权益造成损害的，被授权的组织为赔偿义务机关。"

（二）侵权行为要件

行政赔偿的侵权行为要件所要解决的是行政侵权行为主体的哪些行为可以引起行政赔偿责任。侵权行为要件包含以下内容：

第一，致害行为必须是具体行政行为或者是与行政主体及其工作人员行使行政职权有关的行为。

第二，该具体行政行为或者与行政主体及其工作人员行使行政职权有关的行为，必须违法或者违反行政职责。

第三，国家承担行政赔偿责任的根本条件是行政主体及其工作人员的致害行为是其行使职权的行为，对于与行使职权、执行职务无关的个人行为所造成的损害，国家不承担行政赔偿责任。

（三）损害结果要件

损害结果要件也称损害事实要件。行政侵权行为是否给公民、法人或者其他组织的合法权益造成现实性和确定性的损害，是国家是否承担行政赔偿责任的必要条件。国家承担行政赔偿责任的损害主要有以下两种：

财产损害，即因侵权行为而导致的财产价值的减少或利益的丧失，如劳动收入的减少、财物的损毁等。

人身损害，即对公民的人格、名誉、生命、健康、自由、心理和感情等造成的难以用货币衡量的损害。

《国家赔偿法》第三条和第十七条详细规定了针对行政机关及其工作人员在行使行政职权时可能存在的侵犯人身权的情形，受害人有取得赔偿的权利的情况和针对行使侦查、检察、审判职权的机关以及看守所、监狱管理机关及其工作人员在行使职权时可能存在的侵犯人身权情形，受害人有取得赔偿的权利的情况。

行政赔偿的损害结果要件还包含精神损害的内容。精神损害一般是指侵权行为导致的受害人心理和感情遭受创伤和痛苦，无法正常进行日常活动的损害，如精神上的悲伤、失望、忧虑等。

《国家赔偿法》第三十五条规定："有本法第三条或者第十七条规定情形之一，致人精神损害的，应当在侵权行为影响的范围内，为受害人消除影响，恢复名誉，赔礼道歉；造成严重后果的，应当支付相应的精神损害抚慰金。"

（四）因果关系要件

作为行政赔偿构成要件的因果关系是指受害人的合法权益受到损害的事实与行政侵权行为之间存在着必然的内在的联系，即引起行政赔偿的损害结果必须是由行政主体及其工作人员行使职权的行为所造成的。只有行政主体及其工作人员的行政侵权行为与受害人的损害事实之间存在因果关系，国家才能承担行政赔偿责任。因公民、法人或其他组织自己的行为致使损害发生的，国家不承担赔偿责任。

上述四项要件是相互联系的统一整体，缺一不可。只有这四项要件同时具备，国家才承担行政赔偿责任。

第二节　行政赔偿的范围

行政赔偿的范围是指国家对行政主体及其工作人员行使职权，侵犯公民、法人和其他组织的合法权益造成的损害给予赔偿的范围。它解决的是国家对于哪些行政行为造成的哪些损害承担赔偿责任的问题。根据《国家赔偿法》的规定，我国行政赔偿的范围包括行政主体及其工作人员行使职权侵犯人身权的损害赔偿和侵犯财产权的损害赔偿。

一、侵犯公民人身权的赔偿范围

人身权是公民最基本的权利。人身权是指与公民人身相关的权利，包括人格权和身份权。其中，人格权包括生命权、身体权、健康权、自由权、姓名权、名称权、名誉权、肖像权、隐私权；身份权包括亲权、配偶权、亲属权、荣誉权。《国家赔偿法》第三条规定，行政机关及其工作人员在行使行政职权时有下列侵犯人身权情形之一的，受害人有取得赔偿的权利：

第一，违法拘留或者违法采取限制公民人身自由的行政强制措施的。

这里所说的拘留是指行政拘留，即公安机关对违反行政法律规范的行为人实施的短期剥夺或限制其人身自由的一种行政处罚。由于行政拘留是较为严厉的行政处罚方式，因此我国法律对有权实施行政拘留的主体，拘留的条件、程序、期限等作了严格规定。如果公安机关实施行政拘留行为认定事实不清、证据不足、适用对象错误、适用法律不当、违反法定程序或者超期拘留，均属于违法拘留。

限制公民人身自由的行政强制措施是指法定行政机关及其工作人员基于行政管理的需要，采取强制措施限制特定公民的人身自由的行为，如强制治疗、强制戒毒、强制遣送、强制传唤、强制扣留、强制传唤、强制隔离等。如果由于行政机关及其工作人员违法实施上述行政强制措施而对特定人造成了损害后果,则由国家承担行政赔偿责任。

第二,非法拘禁或者以其他方法非法剥夺公民人身自由的。

非法拘禁是指在行政拘留和行政强制措施以外限制公民人身自由的行为,主要有两种情况:一是无权拘禁,即无法定权限的国家机关实施了限制公民人身自由的行为;二是有权但是越权的拘禁,是指有权限的行政机关以法定外的理由非法限制公民人身自由的行为。

以其他方法非法剥夺公民人身自由,是指行政机关及其工作人员在行使职权过程中采用非法拘禁以外的方法非法剥夺公民人身自由的情形。

对于行政主体及其工作人员在执行职务过程中实施的上述侵犯公民人身自由权的行为所造成的损害,国家要对受害人承担赔偿责任。

第三,以殴打、虐待等行为或者唆使、放纵他人以殴打、虐待等行为造成公民身体伤害或者死亡的。

殴打是指使用器械或不使用器械、指使或唆使他人对公民身体造成伤害的恶意暴力行为;虐待等行为是指罚站、罚跪、捆绑、冷冻、火烤、暴晒等体罚或变相体罚行为。行政主体及其工作人员在行使职权时具有上述行为,对公民的生命、健康造成损害后果的,由国家承担赔偿责任。

第四,违法使用武器、警械造成公民身体伤害或者死亡的。

这类行为是指行政机关的工作人员在行使职权时,违反国家有关武器、警械使用规定而使用枪支、弹药、警棍、手铐、脚镣、警绳、催泪弹等造成公民身体伤害或死亡的行为。有权使用上述武器、警械的行政机关工作人员主要是人民警察、武装部队人员等。武器、警械的使用应严格按照《中华人民共和国人民警察使用警械和武器条例》执行,违法使用武器、警械造成公民身体伤害或者死亡的,国家要承担行政赔偿责任。

第五,造成公民身体伤害或者死亡的其他违法行为。

这是基于保护公民人身权不受行政机关及其工作人员违法行为侵害的考虑而做的一项概括性规定。其他违法行为是指上述行为以外的具体行政行为以及与行政机关及其工作人员行使职权有关的、给公民造成身体伤害或死亡的行政违法行为。

上述侵犯公民人身权的赔偿范围除了物质损害,还包括精神损害。行政机关及其工作人员在执行职务的过程中，因实施上述五类违法行为而侵犯公民人身权并造成物质损害和精神损害结果的，国家要对受害人承担赔偿责任。

二、侵犯公民财产权的赔偿范围

财产权是指有一定物质内容，直接体现为经济利益的权利，包括物权、债权、知识产权等。《国家赔偿法》第四条规定，行政机关及其工作人员在行使行政职权时有下列侵犯财产权情形之一的，受害人有取得赔偿的权利：

第一，违法实施罚款、吊销许可证和执照、责令停产停业、没收财物等行政处罚的。

行政处罚是行政主体为达到惩治和预防违法行为，维护公共利益和社会秩序，保护公民、法人或其他组织的合法权益的目的，依法对违反行政法律规范尚未构成犯罪的行政相对人实施法律制裁的行政行为。我国行政处罚的种类主要有警告、罚款、没收违法所得、没收非法财物、责令停产停业、暂扣或吊销许可证、暂扣或吊销执照、行政拘留等。被纳入国家行政赔偿范围的是行政处罚中具有经济内容的罚款、吊销许可证和执照、责令停产停业、没收财物等行政处罚所造成的财产损害。

罚款是指行政主体依法强制违法行为人，在一定期限内向国家缴纳一定数额的金钱的处罚方法。违反法定处罚条件、种类、数额幅度的罚款和重复罚款等均构成违法罚款。

吊销许可证和执照是指行政机关将已经发给行政相对人的可以从事某项行为或赋予某种资格的许可证件收回，使其失去从事某项行为或丧失某种资格的处罚方法。

责令停产停业是指行政机关要求违法者在一定期限内进行治理、整顿，达到要求后再允许其恢复生产的处罚方法。这是一种附条件或附期限的行政处罚。如果处罚的主体无权或越权处罚、处罚对象错误、认定事实不清或程序违法等都可能引起国家赔偿责任。

没收财物是指行政主体依法将行政相对人的非法所得、实施违法行为的工具、物品、违禁品等强制无偿收归国家所有的处罚方法。没收财物的处罚主体不合法、处罚主体超越权限、没收的程序不合法、没收的财物范围不合法等都构成违法没收财物。

行政机关及其工作人员违法实施罚款、吊销许可证和执照、责令停产停业、没收财物等行政处罚造成公民、法人或者其他组织财产损害的,由国家承担行政赔偿责任。

第二,违法对财产采取查封、扣押、冻结等行政强制措施的。

行政强制措施包括对人身的强制措施和对财产的强制措施。行政机关依法查封、扣押、冻结有关财物等属于对财产的强制措施。查封是指行政机关对某些动产或不动产实行就地封存,不允许财产所有人使用或处分的强制措施;扣押是指行政机关将有关财物置于自己控制之下,以防当事人毁损或转移的措施;冻结是指行政机关要求银行暂时拒绝当事人动用其银行存款的强制措施。

违法对财产采取强制措施的主要表现为行政机关无权或越权采取强制措施、适用对象错误、不符合法定程序、违反法定期限以及疏于对扣押财产的妥善保管义务等。行政机关及其工作人员违法对财产采取行政强制措施造成公民、法人或者其他组织财产损害的,由国家承担行政赔偿责任。

第三,违法征收、征用财产的。

征收财产是指行政主体根据国家和社会公共利益的需要,依法采取强制的方式对公民、法人或者其他组织无偿地征集一定的金钱或者实物的行政行为。征用财产是指行政主体为了国家和社会公共利益的需要,依法将公民、法人或者其他组织的财产收归公用的行政行为。如果行政主体自行规定征收、征用事项,不依照法律规定征收、征用财物和费用,征收、征用财产程序不合法等,给公民、法人或者其他组织造成财产损害的,由国家承担行政赔偿责任。

第四,造成财产损害的其他违法行为。

这是关于财产权损害赔偿的概括性规定。在行政管理过程中,造成行政相对人财产损害的违法行为并不局限于以上列举的几种,如行政机关的不作为也可能直接侵害行政相对人的财产权。因此,《国家赔偿法》规定,除上述列举的情形外,凡是因违法行政行为对行政相对人造成财产损害的,受害人都有权依法获得国家的行政赔偿。

三、国家不予行政赔偿的情形

根据《国家赔偿法》第五条的规定，属于下列情形之一的，国家不承担赔偿责任：

第一，行政机关工作人员与行使职权无关的个人行为。

行政机关工作人员实施与行使职权有关的行为而造成的损害，由国家承担赔偿责任。对于行政机关工作人员与行使职权无关的个人行为所造成的损害后果，应当由其个人承担责任。

第二，因公民、法人和其他组织自己的行为致使损害发生的。

作为行政赔偿构成要件的因果关系的存在是行政赔偿责任产生的基础。只有受害人的合法权益受到损害的事实与行政机关及其工作人员违法行使职权的行为之间存在着必然的内在的联系，才有可能引起行政赔偿责任。在受害人因自己的行为造成损害的情形下，因该损害和行政机关及其工作人员的违法行为没有必然的联系，因而国家不负行政赔偿责任。如果损害的发生是由行政机关及其工作人员行使职权的行为和受害人自己的行为共同造成的，则国家不能完全免除赔偿责任，而要根据过错责任的大小，部分地承担赔偿责任。

第三，法律规定的其他情形。

这里的"法律"仅指全国人大及其常委会规定的法律，即狭义的法律，不包括行政法规、地方性法规和规章等。法律规定的其他免除国家赔偿责任的情形主要有不可抗力、第三人的过错等。

此外，《最高人民法院关于审理行政赔偿案件若干问题的规定》第六条规定："公民、法人或者其他组织认为国防、外交等国家行为或者行政机关制定发布行政法规、规章或者具有普遍约束力的决定、命令侵犯其合法权益造成损害，向人民法院提起行政赔偿诉讼的，不属于人民法院行政赔偿诉讼的受案范围。"可见，对于国家行为或者抽象行政行为所造成的损害，受害人不能请求行政赔偿，只能通过其他方式获得救济。

第三节　行政赔偿请求人和赔偿义务机关

一、行政赔偿请求人

（一）行政赔偿请求人的概念

行政赔偿请求人是指其合法权益受到行政主体及其工作人员违法行使职权行为侵犯并遭受损害，依法向国家请求给予行政赔偿的人。行政赔偿请求人在行政复议中是行政复议的申请人；在行政赔偿诉讼程序中，是行政诉讼的原告。

根据我国《国家赔偿法》的规定，凡是合法权益受到行政主体及其工作人员行使职权行为侵害的公民、法人和其他组织，以自己的名义请求国家赔偿的，就可以成为行政赔偿的请求人。

（二）行政赔偿请求人的资格

行政赔偿请求人的资格是指公民、法人或其他组织作为行政赔偿请求人所必须具备的条件。确定行政赔偿请求人的资格，可以防止滥用行政赔偿请求权情形的发生，保证行政活动顺利进行，避免增加司法成本。

按照《国家赔偿法》的规定，行政赔偿请求人必须具备以下两个条件：第一，行政赔偿请求人必须是作为行政相对人的公民、法人或者其他组织；第二，行政赔偿请求人自身的合法权益受到行政主体及其工作人员违法行使职权行为的侵犯并造成实际损害。至于实际损害是否确实存在，并不影响行政相对人行使行政赔偿请求权。

（三）行政赔偿请求人的范围

《国家赔偿法》第六条对行政赔偿请求人的范围作了明确规定："受害的公民、法人和其他组织有权要求赔偿。受害的公民死亡，其继承人和其他有扶养关系的亲属有权要求赔偿。受害的法人或者其他组织终止的，其权利承受人有权要求赔偿。"

此外，《国家赔偿法》第四十条规定："外国人、外国企业和组织在中华人民共和国领域内要求中华人民共和国国家赔偿的，适用本法。"

二、行政赔偿义务机关

（一）行政赔偿义务机关的概念

行政赔偿义务机关是指代表国家接受行政赔偿请求，参加行政赔偿诉讼，履行赔偿义务的行政机关及法律、法规授权的组织。

根据我国《国家赔偿法》的规定，行政赔偿义务机关具有以下权利和义务：受理行政赔偿请求，处理赔偿请求；参加因行政赔偿问题而引起的行政复议或行政赔偿诉讼，即以行政复议被申请人和行政赔偿诉讼被告的身份参加因赔偿问题引起的行政复议和行政赔偿诉讼，行使相应的权利和承担相应的义务；履行行政复议决定或行政诉讼判决；行使追偿权。行政赔偿义务机关在赔偿受害人的损失后有权依法向有故意或重大过失的工作人员及受委托的组织或个人行使追偿权，追偿全部或部分向受害人支付的赔偿金。

（二）行政赔偿义务机关的范围

根据《国家赔偿法》第七条、第八条的规定，行政赔偿义务机关包括以下几种：

行政机关及其工作人员行使行政职权侵犯公民、法人和其他组织的合法权益造成损害的，该行政机关为赔偿义务机关。

两个以上行政机关共同行使行政职权时侵犯公民、法人和其他组织的合法权益造成损害的，共同行使行政职权的行政机关为共同赔偿义务机关。

法律、法规授权的组织在行使授予的行政权力时侵犯公民、法人和其他组织的合法权益造成损害的，被授权的组织为赔偿义务机关。

受行政机关委托的组织或者个人在行使受委托的行政权力时侵犯公民、法人和其他组织的合法权益造成损害的，委托的行政机关为赔偿义务机关。

赔偿义务机关被撤销的，继续行使其职权的行政机关为赔偿义务机关；没有继续行使其职权的行政机关的，撤销该赔偿义务机关的行政机关为赔偿义务机关。

经复议机关复议的，最初造成侵权行为的行政机关为赔偿义务机关，但复议机关的复议决定加重损害的，复议机关对加重的部分履行赔偿义务。

第四节　行政赔偿程序

一、行政赔偿程序的概念

行政赔偿程序，是指行政赔偿请求人向行政赔偿义务机关请求行政赔偿，行政赔偿义务机关依法给予其行政赔偿，以及由人民法院对行政赔偿纠纷进行审理裁判的步骤、方式和时限。广义的行政赔偿程序还包括行政赔偿义务机关对有故意或重大过失的国家行政机关工作人员行使追偿权的程序。行政赔偿程序可以分为行政赔偿的行政程序和行政赔偿的司法程序。前者是由行政机关内部处理赔偿申请的程序，后者是由人民法院解决行政赔偿纠纷的程序。

《国家赔偿法》第九条规定："赔偿请求人要求赔偿，应当先向赔偿义务机关提出，也可以在申请行政复议或者提起行政诉讼时一并提出。"因此，我国行政赔偿程序的启动实行两种方式，一是单独的方式，二是附带的方式。由此产生单独要求行政赔偿的程序和附带要求行政赔偿的程序。本节重点阐述采用单独方式提起的行政赔偿程序。

二、单独提起行政赔偿请求的行政处理程序

单独提起行政赔偿请求的行政处理程序，也被称为行政赔偿的先行处理程序。如果行政赔偿请求人在行政复议或者行政诉讼中附带提起行政赔偿请求，由行政复议机关一并处理或者由人民法院根据具体情况决定合并审理或单独审理，而不要求赔偿义务机关先行处理。但是，对于行政赔偿请求人单独提起的行政赔偿请求，法律则规定行政赔偿请求应先由行政机关解决，对行政机关的处理不服的，才可以向人民法院提起行政赔偿诉讼。单独提起行政赔偿的行政处理程序由以下两部分组成：

（一）行政赔偿请求的提出

行政赔偿请求人向赔偿义务机关请求赔偿，应以书面形式提交赔偿申请书。根据《国家赔偿法》第十二条的规定，申请书应当载明下列事项：

受害人的姓名、性别、年龄、工作单位和住所，法人或者其他组织的名称、住所和法定代表人或者主要负责人的姓名、职务；具体的要求、事实根据和理由；申请的年、月、日。

赔偿请求人书写申请书确有困难的，可以委托他人代书；也可以口头申请，由赔偿义务机关记入笔录。赔偿请求人不是受害人本人的，应当说明与受害人的关系，并提供相应证明。

赔偿请求人当面递交申请书的，赔偿义务机关应当当场出具加盖本行政机关专用印章并注明收讫日期的书面凭证。申请材料不齐全的，赔偿义务机关应当当场或者在五日内一次性告知赔偿请求人需要补正的全部内容。

（二）行政赔偿请求的处理

《国家赔偿法》第十三条规定："赔偿义务机关应当自收到申请之日起两个月内，作出是否赔偿的决定，赔偿义务机关作出赔偿决定，应当充分听取赔偿请求人的意见，并可以与赔偿请求人就赔偿方式、赔偿项目和赔偿数额依照本法第四章的规定进行协商。赔偿义务机关决定赔偿的，应当制作赔偿决定书，并自作出决定之日起十日内送达赔偿请求人。赔偿义务机关决定不予赔偿的，应当自作出决定之日起十日内书面通知赔偿请求人，并说明不予赔

偿的理由。"

三、单独提起行政赔偿诉讼的司法程序

根据《国家赔偿法》第十四条的规定，赔偿义务机关在规定期限内未作出是否赔偿的决定，赔偿请求人可以自期限届满之日起三个月内，向人民法院提起诉讼；赔偿请求人对赔偿的方式、项目、数额有异议的，或者赔偿义务机关作出不予赔偿决定的，赔偿请求人可以自赔偿义务机关作出赔偿或者不予赔偿决定之日起三个月内，向人民法院提起诉讼。

（一）单独提起行政赔偿诉讼的特征

单独提起行政赔偿诉讼是指人民法院根据行政赔偿请求人的诉讼请求，依法裁判行政赔偿争议的活动。作为一种独立的特殊诉讼形式，单独提起行政赔偿诉讼具有以下特征：

在起诉条件上，单独提起行政赔偿诉讼应以赔偿义务机关先行处理为前提条件；在被告确定上，行政赔偿诉讼以行政赔偿义务机关为被告。致害的行政机关的工作人员不能作为诉讼被告；在审理形式上，行政赔偿诉讼不同于一般的行政诉讼，根据《行政诉讼法》第六十条的规定，行政赔偿案件可以以调解作为结案方式；在证据规则上，人民法院审理行政赔偿案件，赔偿请求人和赔偿义务机关对自己提出的主张，应当提供证据。赔偿义务机关采取行政拘留或者限制人身自由的强制措施期间，被限制人身自由的人死亡或者丧失行为能力的，赔偿义务机关的行为与被限制人身自由的人的死亡或者丧失行为能力是否存在因果关系，赔偿义务机关应当提供证据。

（二）单独提起行政赔偿诉讼的受案范围

赔偿请求人单独提起行政赔偿诉讼，必须以赔偿义务机关先行处理为前提。经行政先行程序处理后，具有下列情形的，赔偿请求人向人民法院提起行政赔偿诉讼，人民法院应当依法受理：赔偿义务机关在规定期限内未作出是否赔偿的决定的；赔偿请求人对赔偿的方式、项目、数额有异议的；赔偿义务机关作出不予赔偿决定的。

（三）单独提起行政赔偿诉讼的程序

单独提起行政赔偿诉讼的程序主要由以下三部分组成：

1. 起诉与受理

行政赔偿案件通过行政赔偿义务机关先行处理后，赔偿请求人可以单独提起行政赔偿诉讼。公民、法人或者其他组织在提起行政诉讼的同时也可以一并提出行政赔偿请求。

《最高人民法院关于审理行政赔偿案件若干问题的规定》第十三条的规定，赔偿请求人单独提起行政赔偿诉讼应符合下列条件：原告具有行政赔偿请求资格；有明确的被告；有具体的赔偿请求和受损害的事实根据；赔偿义务机关已先行处理或者超过法定期限不予处理；属于人民法院行政赔偿诉讼的受案范围和受诉人民法院管辖；在法律规定的起诉期限内提起诉讼。

人民法院接到原告单独提起的行政赔偿诉讼起诉状，应当进行审查。符合起诉条件的，应当在七日内立案；不符合起诉条件的，应当在七日内作出不予受理的裁定。七日内不能决定是否受理的，应当先予受理；受理后经审查不符合起诉条件的，裁定驳回起诉。

受诉人民法院在七日内既不立案，又不作出裁定的，起诉人可以向上一级人民法院申诉或者起诉。上一级人民法院认为符合受理条件的，应予以受理；受理后可以移交或者指定下级人民法院审理，也可以自行审理。

2. 审理与判决

人民法院审理行政赔偿案件，就当事人之间的行政赔偿争议进行审理与裁判。在坚持合法、自愿的前提下，人民法院可以就赔偿范围、赔偿方式和赔偿数额进行调解。调解成立的，应当制作《行政赔偿调解书》，调解书与判决书具有同等的法律效力。在举证责任的分配上，根据最高人民法院相关司法解释的规定，原告在行政赔偿诉讼中对自己的主张承担举证责任，被告有权提供不予赔偿或者减少赔偿数额方面的证据。被告在一审判决前同原告达成赔偿协议，原告申请撤诉的，人民法院应当依法予以审查并裁定是否准许。被告的具体行政行为违法但尚未对原告的合法权益造成损害的，或者原告的请求没有事实根据或法律依据的，人民法院应当判决驳回原告的赔偿请求。对于赔偿请求人未经确认程序而直接提起行政赔偿诉讼的案件，人民法院在判决时应当对赔偿义务机关的致害行为是否违法予以确认。人民法院对单独提起的行政赔偿案件进行审理后，可依法作出如下判决或裁定：维持赔偿义务机关作出的赔偿处理决定；撤销或改变赔偿义务机关作出的赔偿处理决定；驳回赔偿请求。

3. 执行与期限

人民法院对单独提起的行政赔偿案件作出判决的法律文书的名称为《行政赔偿判决书》《行政赔偿裁定书》或《行政赔偿调解书》。对于发生法律效力的《行政赔偿判决书》《行政赔偿裁定书》或《行政赔偿调解书》，当事人必须履行。负有义务的一方当事人拒绝履行的，对方当事人可以依法申请人民法院强制执行。申请人是公民的，申请执行的期限为一年；申请人是法人或者其他组织的，申请执行的期限为六个月。

四、行政追偿程序

行政追偿是指行政赔偿义务机关代表国家向行政赔偿请求人支付赔偿费用后，依法责令有故意或重大过失的工作人员、受委托的组织或个人承担部分或全部赔偿费用的法律制度。《国家赔偿法》第十六条规定："赔偿义务机关赔偿损失后，应当责令有故意或者重大过失的工作人员或者受委托的组织或者个人承担部分或者全部赔偿费用。对有故意或者重大过失的责任人员，有关机关应当依法给予处分；构成犯罪的，应当依法追究刑事责任。"在行政追偿程序中，行政赔偿义务机关为行政追偿人；在行使国家行政职权的过程中，因故意或重大过失给受害人造成损害的组织或个人为被追偿人。

（一）追偿的形式与要件

1. 追偿的形式

我国行政追偿的形式主要是行政赔偿义务机关先向受害人赔偿损失，然后行政赔偿义务机关依法责令致害的工作人员或受委托的组织或个人承担赔偿费用，即"先赔后追"的方式。采用这种方式，既有利于保护行政相对人的合法权益，又有利于促进行政机关及其工作人员依法行政，尽职尽责，合法、合理地行使行政职权。

2. 追偿的要件

根据《国家赔偿法》的规定，国家行政机关行使追偿权必须具备两个条件：一是行政赔偿义务机关已经向行政赔偿请求人支付了赔偿金；二是行政机关的工作人员或者受行政机关委托的组织或个人违法行使行政职权造成了受害人合法权益的损失，且主观上具有故意或者重大过失。只有完全具备了这两个条件，行政赔偿义务机关才有权实施追偿。

（二）追偿的范围和标准

1. 追偿的范围

追偿的范围以行政赔偿义务机关实际支付的损害赔偿金额（包括恢复原状和返还财产的费用）为限。在行政赔偿案件诉讼过程中，赔偿义务机关所支付的办案经费、诉讼费等不应列入追偿范围；如果行政赔偿请求人放弃了部分或全部的行政赔偿请求权，赔偿义务机关部分给付或未给付的，亦不应追偿；如果赔偿义务机关因为自己的过错支付了过多的赔偿金，超额部分无权追偿。

2. 追偿的标准

追偿数额的大小应与被追偿人的过错程度相适应，同时考虑被追偿人的实际收入。一般遵循过错与赔偿相适应的原则，即过错重的多赔，过错轻的少赔，并能顾及被追偿人的实际承受能力。追偿金的支付仅限于被追偿人的薪金，而不能涉及被追偿人的其他个人财产和其家庭财产与收入。

参考文献

[1] 曹鎏. 中国特色行政复议制度的嬗变与演进 [M]. 北京：法律出版社，2020.

[2] 柴让措. 行政法学 [M]. 北京：知识产权出版社，2017.

[3] 邓刚宏. 行政法与行政诉讼法 [M]. 上海：华东理工大学出版社，2014.

[4] 丁晓华. 行政赔偿的理论与实务 [M]. 北京：知识产权出版社，2019.

[5] 董新宇. 行政管理学 [M]. 西安：西安交通大学出版社，2018.

[6] 何磊. 行政诉讼调解制度研究 [M]. 银川：宁夏人民出版社，2016.

[7] 李福林. 论行政法律关系理论的初步演变与学理价值 [J]. 现代商贸工业，2022，43（16）：184-185.

[8] 李光凤. 行政赔偿程序研究 [D]. 上海：复旦大学，2013.

[9] 刘民. 行政法合法性原则的适用 [J]. 法制与社会，2015，(29)：20-21.

[10] 刘妍. 论行政诉讼执行难及其解决 [D]. 天津：天津师范大学，2016.

[11] 路晓静. 非诉行政执行错误赔偿义务机关的确定 [J]. 新西部，2018（27）：107-108+106.

[12] 庞圣浩. 行政强制执行和解制度的解析与实现 [J]. 理论观察，2021（4）：85-87.

[13] 唐任. 论行政赔偿的范围 [J]. 长江丛刊，2017（18）：117-118.

[14] 图雅. 新时代背景下依法行政的推动策略 [J]. 法制博览，2021（25）：49-50.

[15] 王本存. 行政法律关系的功能与体系结构 [J]. 现代法学，2020，42（6）：96-109.

[16] 王青斌. 行政复议制度的变革与重构 [M]. 北京：中国政法大学出版社，2013.

[17] 王卓. 论行政合理性原则的司法适用 [D]. 哈尔滨：黑龙江大学，2019.

[18] 吴卫军，徐岩. 法治视野中的行政权之规制 [M]. 成都：电子科技大学出版社，2017.

[19] 许慧莹. 论行政法律关系的特殊性 [J]. 法制与社会，2019，(30)：12-13.

[20] 杨红.行政复议与行政诉讼衔接研究[M].北京：中国政法大学出版社，2016.
[21] 于晓松.行政法律关系基本理论探析[J].经贸实践，2018（24）：277.
[22] 张凤仙.论我国行政复议主体的设置[J].法制与社会，2021，（10）：101-102.
[23] 张贤高.行政机关强制执行诉讼范围研究[D].桂林：广西师范大学，2021.
[24] 赵莹.行政复议范围在哪里 应根据复议请求而确定[J].中国财政，2017，（15）：46-47.